Das große EM & WM FUSSBALL KOCHBUCH

55 LÄNDER
MIT 55 SNACKS & DRINKS REZEPTEN

1. Auflage 2024
© 2024 Gamikaze Scheidegger
Pascal Scheidegger
Adlerstrasse 1
8600 Dübendorf
Schweiz

Handelsregister: CHE-467.312.860
Alle Rechte vorbehalten.

Das Werk, einschließlich seiner Teile, ist urheberrechtlich geschützt. Jede Verwertung ist ohne Zustimmung des Autors unzulässig.

Die Schweizer Nationalbibliothek verzeichnet diese Publikation in der Schweizer Nationalbibliografie; detaillierte bibliografische Daten sind im Internet über www.helveticat.ch abrufbar.

Umschlaggestaltung: ancutici kommunikationsdesign

Taschenbuch ISBN: 978-3-907463-05-5

info@gamikaze.ch
www.gamikaze.ch

GAMIKAZE

EINLEITUNG

Fußball und Kochen! Zwei der größten Leidenschaften von vielen Menschen treffen mit einem lauten Knall zusammen. Wir nehmen Sie mit auf eine ganz spezielle Tour durch die Welt der EMs und WMs und versprechen: Es wird richtig lecker! Wir reden hier nicht über langweilige Chips oder faden Biergeschmack. Nein, wir sprechen von 55 Krachern von Snacks und Drinks, direkt inspiriert von den Ländern die auf dem Platz alles geben.

Sie stehen in der Küche, es ist gerade Halbzeit... Sie bereiten einen köstlichen Snack zu oder mixen einen Cocktail der genau die Aromen des Landes einfängt, das gerade auf dem Bildschirm Fußball spielt. Das ist mehr als nur Kochen! Das ist ein Eintauchen in die Welt des Fußballs mit allen Sinnen.

In diesem Buch finden Sie 55 Snacks- und Drinksrezepte von ingesamt 55 Fußballnationen unserer Welt. Vom amerikanischen Kahuna Burger bis zu schweizerischen Älpler Magronen und brasilianischen Coxinhas. Oder darf es ein Swinging Sultan oder ein Kiwi Diablo Cocktail sein? Und für alle Bierliebhaber gibt es zu jedem Land natürlich auch einen perfekten lokalen Biervorschlag! Lassen Sie sich also von der kulinarischen Vielfalt verzaubern und genießen Sie die Geschmäcker von fernen Ländern.

Dieses Buch ist ihr Ticket für eine kulinarische Weltreise die Sie so schnell nicht vergessen werden. Und wissen Sie was? Es geht nicht nur darum den Magen zu füllen. Es geht darum, das Spiel zu feiern, die Leidenschaft zu teilen und gemeinsam mit Freunden und Familie unvergessliche Momente zu schaffen. Mit diesen Rezepten bringen Sie die Stimmung der großen Fußballbühne direkt ins Wohnzimmer.

Also, schnappen Sie sich dieses Buch, freuen Sie sich auf das nächste Spiel und bereiten Sie doch einfach mal den Snack und den Drink von dem Fan- oder Gegnerland zu. Ihre Freunde werden garantiert überrascht sein von den kreativen Koch- und Drinksideen! Denn mit diesen Rezepten in der Hand wird jedes Spiel zum Heimspiel. Und jetzt viel Spaß beim Erkunden der internationalen Küche!

INHALTSVERZEICHNIS

Geschichte der EM- und WM-Turniere 8
Unvergessliche Momente 9
Fußball Legenden 10
Rekorde und Statistiken 11
Übersicht der EM- und WM-Titel 12
Kulinarische Traditionen beim Fußball ... 13

🌐 EUROPA

Albanien
- Spinat- und Käse-Byrek 14
- Code of Honour 16

Belgien
- Belgische Pommes Frites 18
- Black Russian 20

Bulgarien
- Kashkaval Pane 22
- Bulgarischer Menta Cocktail 24

Dänemark
- Dänische Frikadeller 26
- Dänischer Akvavit-Cocktail 28

Deutschland
- Schweinsbraten mit Knödeln 30
- Berliner Luft Mojito 32

England
- Mini-Fischfilets mit Pommes 34
- Pimm's Cup 36

Frankreich
- Französische Käseplatte 38
- French 75 Cocktail 40

Griechenland
- Tzatziki mit Pita-Chips 42
- Greek Island Breeze 44

Irland
- Sodabrot-Bites mit Räucherlachs . 46
- Irish Coffee 48

Island
- Isländische Skyr-Brötchen 50
- Thor's Forest 52

Italien
- Italienische Bruschetta 54
- Negroni 56

Kroatien
- Kroatische Cevapcici mit Ajvar 58
- Rakija Sour 60

Niederlande
- Bitterballen 62
- Dutch Mule 64

Norwegen
- Norwegische Rømmegrøt 66
- Cloudberry Dream 68

- Österreich
  - Wiener Würstel mit Senf & Kren . 70
  - Almdudler Spritz 72
- Portugal
  - Petiscos de Chouriço 74
  - Porto Tónico 76
- Rumänien
  - Mici 78
  - Tuica Sour 80
- Schottland
  - Schottische Eier 82
  - Whisky Mac 84
- Schweden
  - Smörgåstårta (Sandwich-Torte) ... 86
  - Swedish 75 88
- Schweiz
  - Älpler Magronen mit Apfelmus ... 90
  - Suure Moscht 92
- Serbien
  - Serbische Lammfleischbällchen .. 94
  - Serbischer Sliwowitz-Cocktail 96
- Slowakei
  - Bryndzové Halušky 98
  - Tatra Tea Cocktail 100
- Spanien
  - Patatas Bravas 102
  - Tinto de Verano 104
- Tschechien
  - Obložené Chlebíčky 106
  - Becherovka Lemond 108
- Türkei
  - Sigara Böregi 110
  - Swingin Sultan Cocktail 112
- Ungarn
  - Ungarische Lángos 114
  - Kiwi Diablo mit Pálinka 116
- Wales
  - Welsh Rarebits 118
  - Welsh Dragon 120

SÜDAMERIKA

- Argentinien
  - Empanadas Argentinas 122
  - Fernet con Coca 124
- Bolivien
  - Salteñas 126
  - Chuflay 128

- Brasilien
  - Coxinhas 130
  - Caipirinha 132
- Chile
  - Sopaipillas Pasadas 134
  - Pisco Sour 136
- Ecuador
  - Bolón de Verde 138
  - Canelazo 140
- Kolumbien
  - Arepas mit Käsefüllung 142
  - Lulo-Cocktail 144
- Paraguay
  - Sopa Paraguaya 146
  - Tereré Paraguaya Cocktail 148
- Peru
  - Ceviche de Pescado 150
  - Pisco Chilcano 152
- Uruguay
  - Chivito Uruguayo 154
  - Clericó 156

NORD- UND MITTELAMERIKA

- Costa Rica
  - Chifrijo 158
  - Tico Mule 160
- Honduras
  - Baleadas 162
  - Ponche de Piña 164
- Jamaika
  - Jamaikanische Patties 166
  - Jamaican Rum Punch 168
- Kanada
  - Kanadische Poutine 170
  - Bloody Caesar Cocktail 172
- Kuba
  - Yuca con Mojo 174
  - Cuba Libre 176
- Mexiko
  - Nachos mit Guacamole & Salsa 178
  - Margarita 180
- USA
  - Pulp Fiction Burger (Big Kahuna) . 182
  - Old Fashioned 184

🌐 ASIEN

🇨🇳 China
- 🍴 **Frühlingsrollen** 186
- 🍸 **Pflaumenwein-Cocktail** 188

🇮🇳 Indien
- 🍴 **Samosas** 190
- 🍸 **Mango Lassi Cocktail** 192

🇮🇩 Indonesien
- 🍴 **Satay Ayam** 194
- 🍸 **Arak Madu** 196

🇯🇵 Japan
- 🍴 **Selbstgemachtes Sushi (Maki)** 198
- 🍸 **Japanischer Highball** 200

🇰🇷 Südkorea
- 🍴 **Kimchi Pancakes** 202
- 🍸 **Soju Sunrise** 204

🌐 AFRIKA

🇪🇬 Ägypten
- 🍴 **Hawawshi** 206
- 🍸 **Sahlab Cocktail** 208

🇩🇿 Algerien
- 🍴 **Mhadjeb** 210
- 🍸 **Mazagran** 212

🇲🇦 Marokko
- 🍴 **Mini Kefta Tagine** 214
- 🍸 **Minztee Mojito** 216

🇿🇦 Südafrika
- 🍴 **Koeksisters** 218
- 🍸 **Amarula-Cocktail** 220

🇹🇳 Tunesien
- 🍴 **Brik mit Thunfisch** 222
- 🍸 **Boukha-Cocktail mit Granatapfel** . 224

🌐 OZEANIEN

🇦🇺 Australien
- 🍴 **Mini Meat Pies** 226
- 🍸 **Lemon, Lime & Bitters** 228

🇳🇿 Neuseeland
- 🍴 **Kiwi Onion Dip** 230
- 🍸 **Grandmother´s Revenge** 232

GESCHICHTE DER EM- UND WM-TURNIERE

Ursprünge der FIFA Weltmeisterschaft:
- Erstes Turnier im Jahr 1930 in Uruguay, ursprünglich nur für Männer.
- Uruguay krönt sich zum ersten Weltmeister der Geschichte.

Entwicklung der UEFA Europameisterschaft:
- Beginn im Jahr 1960, anfänglich als «Europapokal der Nationen» bekannt.
- Die Sowjetunion gewinnt das erste Turnier in Frankreich.

Bedeutende Erweiterungen:
- WM-Teilnehmerzahl wächst von 13 Teams im Jahr 1930 auf 32 in den letzten Turnieren, mit Plänen für 48 Teams ab 2026.
- EM erweitert sich von 4 Teams im Finale 1960 auf 24 Mannschaften im Jahr 2016.

Einer der denkwürdigsten Momente:
- Diego Maradonas «Hand Gottes» und sein «Tor des Jahrhunderts» gegen England, WM 1986.

Fußballlegenden:
- Spieler wie Pelé, Maradona, Zinédine Zidan, Lionel Messi und Cristiano Ronaldo prägen die Turniere mit außergewöhnlichen Leistungen.
- Miroslav Klose wird im Jahr 2014 in Brasilien WM-Rekordtorschütze mit 16 Toren (Ronaldo: 15 Tore).

Technologische Fortschritte und Kontroversen:
- Einführung des VAR (Video Assistant Referee) bei der WM 2018 zur Unterstützung der Schiedsrichter.
- Diskussionen über Fairness und Technologieeinsatz prägen die jüngsten Turniere.

Frauenfußball gewinnt an Bedeutung:
- Die FIFA Frauen-Weltmeisterschaft erfährt seit ihrer Einführung im Jahr 1991 zunehmend Anerkennung und Popularität.
- Steigerung der Investitionen und der Medienaufmerksamkeit für den Frauenfußball.

UNVERGESSLICHE MOMENTE

WM 1950 in Brasilien - Schock von Maracanã:
➤ Uruguay schockiert Brasilien im eigenen Land vor fast 200.000 Fans im Maracanã-Stadion und gewinnt die Weltmeisterschaft.

WM 1982 in Spanien - Das Spiel des Jahrhunderts:
➤ Italien gegen Deutschland im Halbfinale, ein episches Duell, das mit 3:3 endet und Italien schließlich im Elfmeterschießen siegt.

EM 1992 in Schweden - Dänemarks Märchen:
➤ Dänemark, das erst kurz vor Turnierbeginn als Ersatz für das ausgeschlossene Jugoslawien eingeladen wurde, gewinnt überraschend die Europameisterschaft.

WM 1998 in Frankreich - Triumph im eigenen Land:
➤ Frankreich gewinnt seine erste Weltmeisterschaft durch einen 3:0-Sieg gegen Brasilien im Finale in Paris.

EM 2004 in Portugal - Griechenlands Sensation:
➤ Griechenland, der Außenseiter, gewinnt das Turnier, einschließlich eines Sieges über den Gastgeber Portugal im Finale.

WM 2006 in Deutschland - Zidanes Kopfstoß:
➤ Im Finale zwischen Italien und Frankreich sorgt Zinédine Zidane mit einem Kopfstoß gegen Marco Materazzi für einen der kontroversesten Momente der WM-Geschichte.

WM 2010 in Südafrika - Spaniens goldenes Tor:
➤ Spanien gewinnt sein erstes Weltmeisterschaftsfinale gegen die Niederlande durch ein Tor von Andrés Iniesta in der Verlängerung.

WM 2014 in Brasilien - Deutschlands 7:1 gegen Brasilien:
➤ Deutschland fügt dem Gastgeber Brasilien in einem historischen Halbfinalspiel eine vernichtende Niederlage zu.

FUSSBALL LEGENDEN

Pelé (Brasilien):
▶ Drei Mal Weltmeister (1958, 1962, 1970) und Inbegriff des «schönen Spiels».

Diego Maradona (Argentinien):
▶ Berühmt für das «Hand Gottes»-Tor und das «Tor des Jahrhunderts» gegen England.

Johan Cruyff (Niederlande):
▶ Symbolfigur des «Totalen Fußballs», dreimaliger Ballon d`Or-Gewinner.

Franz Beckenbauer (Deutschland):
▶ «Der Kaiser», gewann als Spieler (1974) und Trainer (1990) die Weltmeisterschaft.

Michel Platini (Frankreich):
▶ Drei Mal Ballon d`Or-Gewinner und Schlüsselfigur im französischen Fußball, führte Frankreich zum Europameisterschaftstitel 1984.

Zinédine Zidane (Frankreich):
▶ Wichtige Figur im Weltmeisterteam von 1998 und Europameister von 2000. Berühmt für sein überragendes Ballgefühl und den entscheidenden Kopfball im WM-Finale 1998.

Cristiano Ronaldo (Portugal):
▶ Fünfmaliger Ballon d`Or-Gewinner, hat in verschiedenen Ligen und bei zahlreichen EM- und WM-Turnieren Rekorde gebrochen.

Lionel Messi (Argentinien):
▶ Achtfacher Ballon d`Or-Gewinner, bekannt für seine Dribblings und seine Torgefahr.

Marta (Brasilien):
▶ Sechsmalige FIFA-Weltfußballerin des Jahres, hat den Frauenfußball mit ihrem Talent und ihrer Leidenschaft auf ein neues Level gehoben.

Mia Hamm (USA):
▶ Eine Pionierin des internationalen Frauenfußballs, zweimalige Weltmeisterin und Inspiration für Generationen von Spielerinnen weltweit.

REKORDE UND STATISTIKEN

Meiste Weltmeisterschaftstitel (Männer):
➤ Brasilien hält den Rekord mit fünf Weltmeisterschaftstiteln (1958, 1962, 1970, 1994, 2002).

Meiste Weltmeisterschaftstitel (Frauen):
➤ Die USA führen mit vier Titeln (1991, 1999, 2015, 2019) in der FIFA Frauen-Weltmeisterschaft.

Rekordtorschütze der Männer-WM:
➤ Miroslav Klose aus Deutschland hält den Rekord mit 16 Toren in den Turnieren 2002, 2006, 2010 und 2014.

Rekordtorschützin der Frauen-WM:
➤ Marta aus Brasilien ist mit 17 Toren die führende Torschützin in der Geschichte der Frauen-Weltmeisterschaften.

Meiste Teilnahmen an einer WM (Männer):
➤ Mexiko, Deutschland und Brasilien teilen sich den Rekord für die meisten Teilnahmen an der Endrunde der FIFA Weltmeisterschaft, mit jeweils 16.

Meiste EM-Titel:
➤ Deutschland und Spanien sind mit je drei Europameisterschaftstiteln (Deutschland: 1972, 1980, 1996; Spanien: 1964, 2008, 2012) die erfolgreichsten Nationen.

Ältester Spieler bei einer WM:
➤ Der Ägypter Essam El-Hadary spielte 2018 im Alter von 45 Jahren und 161 Tagen bei der Weltmeisterschaft und hält damit den Rekord als ältester WM-Spieler.

Jüngster Spieler bei einer WM:
➤ Der Nordire Norman Whiteside ist der jüngste Spieler, der in einer FIFA Weltmeisterschaft auftrat, im Alter von 17 Jahren und 41 Tagen während der WM 1982.

Schnellstes Tor in einer WM:
➤ Hakan Şükür aus der Türkei erzielte das schnellste WM-Tor aller Zeiten, nach nur 11 Sekunden gegen Südkorea im Jahr 2002.

ÜBERSICHT DER EM- UND WM-TITEL

Land	Anzahl UEFA Männer-EM Titel	Anzahl FIFA Männer-WM Titel
Deutschland	3	4
Spanien	3	1
Frankreich	2	2
Italien	2	4
Niederlande	1	0
Portugal	1	0
Griechenland	1	0
Dänemark	1	0
Tschechoslowakei	1	0
Sowjetunion	1	0
Brasilien	0	5
Argentinien	0	3
England	0	1
Uruguay	0	2

Land	Anzahl UEFA Frauen-EM Titel	Anzahl FIFA Frauen-WM Titel
Deutschland	8	2
Norwegen	2	1
Schweden	1	0
Niederlande	1	0
England	1	0
USA	0	4
Japan	0	1
Spanien	0	1

KULINARISCHE TRADITIONEN BEIM FUSSBALL

Argentinien - Empanadas:
➤ Während Fußballspielen genießen Argentinier gerne Empanadas, gefüllte Teigtaschen, die ideal zum Teilen und Naschen während des Spiels sind *(S. 116)*.

Deutschland - Schweinsbraten mit Knödeln:
➤ Ein herzhaftes Gericht, das traditionell in vielen deutschen Haushalten und Biergärten, besonders während großer Fußballereignisse serviert wird *(S. 24)*.

Brasilien - Coxinhas:
➤ Diese beliebten brasilianischen Hähnchensnacks sind ein Muss bei jeder Fußballparty und spiegeln die Liebe des Landes zum Fußball und zum Feiern wider *(S. 124)*.

England - Fish and Chips:
➤ Ein Klassiker bei Fußballevents, Fish and Chips ist das Go-to-Gericht für englische Fans, welche die Spiele in Pubs oder zu Hause verfolgen *(S. 28)*.

Italien - Bruschetta:
➤ In Italien startet man das Fußballvergnügen oft mit Bruschetta, deren knackige Frische perfekt die Vorfreude auf das Spiel unterstreicht und die gesellige Runde kulinarisch einstimmt *(S. 48)*.

Mexiko - Nachos mit Guacamole & Salsa:
➤ Ein unverzichtbarer Snack für mexikanische Fußballfans, der die Farben und Aromen Mexikos einfängt und ideal für das Teilen während spannender Spiele ist *(S. 172)*.

Spanien - Patatas Bravas:
➤ Diese würzigen, gebratenen Kartoffeln sind in spanischen Bars ein sehr beliebter Snack *(S. 96)*.

Niederlande - Bitterballen:
➤ In den Niederlanden sind Bitterballen, serviert mit Senf, ein fester Bestandteil der Fußballkultur, besonders beliebt in Bars und bei Heimspielen *(S. 56)*.

USA - Burger:
➤ Amerikanische Fußballfans genießen gerne saftige Burger als Teil ihres Viewing-Party-Erlebnisses während großer Spiele *(S. 176)*.

ALBANIEN

SPINAT- UND KÄSE-BYREK

Byrek ist ein essentieller Bestandteil der albanischen Küche und wird zu fast jeder Mahlzeit genossen. Die Füllungen variieren von Region zu Region und können Spinat, Fleisch, Käse oder sogar süße Füllungen umfassen. Ursprünglich aus der osmanischen Zeit stammend, hat sich Byrek zu einem nationalen Symbol der Gastfreundschaft entwickelt.

PERSONEN 4
MINUTEN 60

ZUTATEN

- 1 Packung Filoteig (ca. 450g)
- 300g frischer Spinat, grob gehackt
- 200g Feta-Käse, zerbröckelt
- 100g geriebener Mozzarella
- 2 Eier
- 1 mittelgroße Zwiebel, fein gehackt
- 2 EL Olivenöl
- Salz und Pfeffer nach Geschmack
- Optional: Ein wenig frisch geriebene Muskatnuss

ZUBEREITUNG

Den Ofen auf 180°C vorheizen.

In einer großen Pfanne das Olivenöl erhitzen und die Zwiebeln darin weich dünsten. Den Spinat hinzufügen und so lange kochen, bis er zusammenfällt und das Wasser verdampft ist. Von der Herdplatte nehmen und abkühlen lassen.

In einer großen Schüssel den abgekühlten Spinat, Feta, Mozzarella und Eier vermischen. Mit Salz, Pfeffer und optional Muskatnuss abschmecken.

Eine Backform leicht einfetten. Zwei Blätter Filoteig auf den Boden der Form legen, leicht mit Öl bestreichen und dann eine Schicht der Spinat-Käse-Mischung daraufgeben. Diesen Vorgang wiederholen, bis alle Zutaten verbraucht sind, wobei mit einer Schicht Filoteig abgeschlossen wird.

Den Byrek mit einem scharfen Messer in Stücke schneiden und dann im vorgeheizten Ofen etwa 40-45 Minuten backen, bis er goldbraun und knusprig ist.

Vor dem Servieren kurz abkühlen lassen.

EUROPA

ALBANIEN

CODE OF HONOUR

Obwohl dieser Cocktail eine moderne Kreation ist, verkörpert er durch die Verwendung von Raki – einem traditionellen albanischen Destillat – und der Kombination mit anderen lokalen Zutaten wie Honig, den Geist der albanischen Gastfreundschaft. «Code of Honour» ist ein Symbol für die Wertschätzung der reichen kulinarischen Traditionen Albaniens und eine Würdigung der kulturellen Vielfalt des Landes.

PERSONEN 1 | MINUTEN 15

ZUTATEN

- 60 ml albanischer Raki
- 30 ml frischer Zitronensaft
- 15 ml Honigsirup (gleiche Teile Honig und Wasser erwärmt und vermischt, bis sich der Honig auflöst)
- Sprudelwasser
- Eiswürfel
- Ein Zweig frischer Thymian zur Garnierung
- Optional: Ein paar Tropfen Angosturabitter für zusätzliche Tiefe

ZUBEREITUNG

Den Shaker mit Eiswürfeln füllen.

Den Raki, frischen Zitronensaft und Honigsirup in den Shaker geben und kräftig schütteln bis die Mischung gut gekühlt ist.

Die Mischung durch ein Sieb in ein gekühltes Glas über Eiswürfel gießen.

Mit dem Sprudelwasser auffüllen und leicht umrühren.

Mit einem Zweig frischen Thymian garnieren und optional ein paar Tropfen Angosturabitter hinzufügen.

LOKALES BIER ALS ALTERNATIVE:
Birra Tirana

EUROPA

BELGIEN

BELGISCHE POMMES FRITES

Die doppelte Frittiermethode für belgische Pommes Frites wurde entwickelt, um das Innere weich und das Äußere besonders knusprig zu machen. Sie gelten als Nationalstolz Belgiens und werden traditionell in einer Fritteuse auf Straßen und in Cafés verkauft.

PERSONEN: 4
MINUTEN: 45

ZUTATEN

- 4 große Kartoffeln, vorzugsweise Bintje oder eine andere festkochende Sorte
- Pflanzenöl zum Frittieren
- Grobes Meersalz
- Optional: Mayonnaise oder belgische Fritessauce

ZUBEREITUNG

Kartoffeln schälen und in Stäbchen schneiden.

Kartoffelstäbchen zunächst in kaltem Wasser abspülen, dann trocken tupfen.

Öl in einer Fritteuse oder einem tiefen Topf auf 160°C erhitzen und die Kartoffelstäbchen ca. 6-7 Minuten vorfrittieren. Herausnehmen und abkühlen lassen.

Öl auf 180°C erhitzen und die Kartoffelstäbchen erneut frittieren, bis sie goldbraun und knusprig sind.

Mit grobem Meersalz bestreuen und nach Belieben mit Mayonnaise oder belgischer Fritessauce servieren.

EUROPA

BELGIEN

BLACK RUSSIAN

Obwohl der Name auf Russland hindeutet, stammt der Black Russian tatsächlich aus Belgien. Seine Erfindung wird dem Barkeeper Gustave Tops zugeschrieben, der den Cocktail im Hotel Metropole in Brüssel kreierte. Das Wort «Russian» von «Black Russian» ist dabei lediglich eine Referenz zu dem Wodka der im Cocktail mit enthalten ist.

PERSONEN: 1
MINUTEN: 5

ZUTATEN

- 50 ml Wodka nach Wahl
- 20 ml Kaffeelikör (zum Beispiel Kahlúa)
- Eiswürfel

ZUBEREITUNG

Füllen Sie ein kurzes Glas mit Eiswürfeln.

Gießen Sie den Wodka und den Kaffeelikör über das Eis.

Rühren Sie den Drink leicht um, um die Zutaten zu vermischen.

LOKALES BIER ALS ALTERNATIVE:
Leffe

EUROPA

BULGARIEN
KASHKAVAL PANE

Kashkaval Pane ist ein beliebter Snack in Bulgarien, besonders in Kombination mit einem kalten Bier beim Fußballschauen. Es ist eine einfache, aber köstliche Möglichkeit, den herzhaften Geschmack des bulgarischen Kashkaval-Käses zu genießen.

PERSONEN 4
MINUTEN 30

ZUTATEN

- 4 dicke Scheiben Kashkaval (bulgarischer Gelbkäse)
- 2 Eier
- 1 Tasse Mehl
- 1 Tasse Semmelbrösel
- Pflanzenöl zum Frittieren
- Salz und Pfeffer nach Geschmack

ZUBEREITUNG

Eier in einer Schüssel verquirlen und mit Salz und Pfeffer würzen.

Jede Käsescheibe zuerst im Mehl wenden, dann durch die verquirlten Eier ziehen und zuletzt in den Semmelbröseln panieren.

In einer Pfanne ausreichend Öl erhitzen und die panierten Käsescheiben von beiden Seiten goldbraun frittieren.

Auf Küchenpapier abtropfen lassen und heiß servieren.

EUROPA

BULGARIEN

BULGARISCHER MENTA COCKTAIL

Der Minzlikör, bekannt als Menta, ist in Bulgarien für seine erfrischenden Eigenschaften geschätzt. Ursprünglich wurde er zur Verdauungsförderung nach einem üppigen Essen getrunken, aber heute genießt man ihn auch gerne als erfrischenden Cocktail.

PERSONEN: 1
MINUTEN: 5

ZUTATEN

- 50 ml bulgarischer Minzlikör (z. B. Menta Peshtera)
- 100 ml Sprudelwasser
- Eiswürfel
- Einige frische Minzblätter zur Dekoration

ZUBEREITUNG

Einige Eiswürfel in ein hohes Glas geben.

Den Minzlikör über das Eis gießen.

Mit Sprudelwasser auffüllen und leicht umrühren.

Mit frischen Minzblättern garnieren.

LOKALES BIER ALS ALTERNATIVE:
Zagorka

EUROPA

DÄNEMARK
🇩🇰 DÄNISCHE FRIKADELLER

Frikadeller sind ein klassischer Bestandteil der dänischen Küche und werden traditionell mit Kartoffeln, Soße und Rotkohl serviert. Sie sind auch bei Fußballevents sehr beliebt, da sie einfach zuzubereiten sind und sich gut als Fingerfood eignen.

PERSONEN: 4
MINUTEN: 45

ZUTATEN

- 500g gemischtes Hackfleisch (Schwein und Rind)
- 1 mittelgroße Zwiebel, fein gehackt
- 50ml Milch
- 50g Semmelbrösel
- 1 Ei
- Salz und Pfeffer nach Geschmack
- Muskatnuss, optional
- Butter oder Öl zum Braten

ZUBEREITUNG

Hackfleisch, Zwiebel, Milch, Semmelbrösel und Ei in einer Schüssel vermengen. Mit Salz, Pfeffer und optional Muskatnuss würzen.

Die Mischung gut durchkneten, bis sie homogen ist. Aus der Masse kleine Bällchen formen.

Eine Pfanne mit Butter oder Öl erhitzen und die Frikadeller darin von allen Seiten braten.

Die Frikadeller auf Küchenpapier abtropfen lassen und warm servieren. Dazu eignet sich Ketchup, Mayonnaise oder eine Cocktailsauce nach Wahl.

EUROPA

DÄNEMARK
🇩🇰 DÄNISCHER AKVAVIT-COCKTAIL

Akvavit ist ein traditioneller skandinavischer Schnaps, der besonders in Dänemark beliebt ist. Er wird aus Kartoffeln oder Getreide destilliert und mit Kräutern wie Dill oder Koriander aromatisiert. Der Name stammt aus dem Lateinischen «aqua vitae», was «Wasser des Lebens» bedeutet.

PERSONEN 1   **MINUTEN** 10

ZUTATEN

- 40ml Akvavit (z. B. Aalborg Jubiläums Akvavit)
- 20ml frischer Zitronensaft
- 10ml Zuckersirup (z. B. Giffard Rohrzucker Sirup, alternativ kann man auch einfach Zucker und Wasser miteinander vermengen)
- Sprudelwasser
- Eiswürfel
- Eine Zitronenscheibe zur Dekoration

ZUBEREITUNG

Akvavit, Zitronensaft und Zuckersirup in einen Shaker mit Eiswürfeln geben.

Gut schütteln, bis die Mischung gekühlt ist.

In ein Glas über Eiswürfel sieben und mit Sprudelwasser auffüllen.

Mit einer Zitronenscheibe garnieren.

LOKALES BIER ALS ALTERNATIVE:
Tuborg

EUROPA

DEUTSCHLAND
SCHWEINSBRATEN MIT KNÖDELN

Schweinsbraten mit Knödeln ist ein klassisches Sonntagsessen in vielen deutschen Regionen, besonders in Bayern und Franken. Es spiegelt die bodenständige und herzhafte deutsche Küche wider, die großen Wert auf regionale Zutaten und traditionelle Zubereitungsarten legt. Die Verwendung von Bier im Braten sowie die Beilage von Knödeln unterstreicht die deutsche Liebe zu Brot und Bier und die Fähigkeit, einfache Zutaten in köstliche Mahlzeiten zu verwandeln.

PERSONEN: 4
MINUTEN: 180

ZUTATEN

Für den Schweinsbraten:
- 1,5kg Schweineschulter
- 2 große Zwiebeln, gewürfelt
- 2 Möhren, gewürfelt
- 2 Stangen Sellerie, gewürfelt
- 3 Knoblauch, geschnitten
- 500ml dunkles Bier
- 500ml Gemüsebrühe
- 2 Lorbeerblätter
- 1 Thymianzweig
- Salz und Pfeffer
- 2 Esslöffel Senf
- Öl zum Anbraten

Für die Knödel:
- 8 bis 10 Brötchen in Würfel geschnitten
- 250 ml Milch
- 2 Eier
- 1 kleine Zwiebel, gewürfelt
- 2 Esslöffel Butter
- Salz, Pfeffer, Muskat
- Frische Petersilie, gehackt

ZUBEREITUNG

Für den Schweinsbraten: Den Backofen auf 150°C vorheizen. Die Schweineschulter rundherum mit Salz, Pfeffer und Senf einreiben. In einem Bräter/Topf etwas Öl erhitzen und den Braten rundherum kräftig anbraten. Nehmen Sie das Fleisch heraus und stellen Sie es beiseite. Im selben Bräter/Topf die Zwiebeln, Möhren, Sellerie und Knoblauch anbraten, bis sie leicht karamellisieren.

Legen Sie das Fleisch wieder in den Bräter, fügen Sie Bier, Brühe, Lorbeerblätter und Thymian hinzu. Decken Sie den Bräter mit einem Deckel oder Alufolie ab und schieben Sie ihn in den Ofen. Braten Sie das Fleisch für ca. 2,5 bis 3 Stunden, bis es zart ist. Gelegentlich mit dem Bratensaft übergießen.

Nehmen Sie das Fleisch heraus und lassen Sie es ruhen, während Sie die Sauce zubereiten. Dafür den Bratensaft durch ein Sieb gießen, Fett abschöpfen und nach Bedarf einkochen lassen oder mit etwas Mehl oder Stärke binden.

Für die Knödel: Die Milch erwärmen und über die Brotwürfel gießen. Einige Minuten einweichen lassen. In einer Pfanne die Butter erhitzen und die Zwiebeln darin glasig dünsten. Zu den Brotwürfeln geben. Eier, Salz, Pfeffer, eine Prise Muskat und Petersilie hinzufügen und alles gut vermischen. Mit feuchten Händen Knödel formen und in siedendem Salzwasser ca. 20 Minuten ziehen lassen, bis sie an die Oberfläche steigen.

Servieren Sie die in Scheiben geschnittenen Schweinsbraten mit den Knödeln und übergießen Sie beides großzügig mit der Sauce.

EUROPA

DEUTSCHLAND
BERLINER LUFT MOJITO

«Berliner Luft Mojito» ist eine Abwandlung des originalen Drinks «Berliner Luft». Der Drink ist nicht nur der Name eines beliebten Pfefferminzlikörs in Deutschland, sondern auch ein Ausdruck, der die einzigartige Atmosphäre und Lebendigkeit Berlins einfängt. Der Cocktail vereint die Frische des Likörs mit dem exotischen Flair und bietet ein ganz besonderes Erlebnis an.

PERSONEN 1
MINUTEN 15

ZUTATEN

- 40ml Pfefferminzlikör (Berliner Luft)
- 30ml Limettensaft, frisch gepresst
- Frische Minzblätter
- Sprudelwasser
- Eiswürfel
- Eine Limettenscheibe zur Garnierung

ZUBEREITUNG

Der Limettensaft und die Minze im Glas ein bisschen zerstampfen.

Das Glas bis zur Hälfte mit Eiswürfeln füllen.

Die Berliner Luft dazu geben.

Das Glas mit dem Sprudelwasser auffüllen und leicht umrühren.

Den Drink mit einer Limettenscheibe und/oder einem Minzblatt garnieren.

LOKALES BIER ALS ALTERNATIVE:
Krombacher

EUROPA

ENGLAND

MINI-FISCHFILETS MIT POMMES

Die Tradition des Fish and Chips geht in England auf das 19. Jahrhundert zurück, als es als preiswertes, nahrhaftes Essen für die arbeitende Bevölkerung populär wurde. Heute ist es ein nationales Symbol und ein beliebter Snack, besonders bei Fußballspielen.

PERSONEN 4
MINUTEN 45

ZUTATEN

- 400g Kabeljau- oder Schellfischfilet
- 500g Kartoffeln, geschält und in Streifen geschnitten
- 100g Mehl
- 1 Ei, geschlagen
- 150ml Bier (vorzugsweise ein helles Ale)
- Pflanzenöl zum Frittieren
- Salz und Pfeffer zum Würzen
- Zitrone und Tartarsauce zum Servieren

ZUBEREITUNG

Kartoffelstreifen in kaltem Wasser abspülen um überschüssige Stärke zu entfernen und dann gründlich trocknen. Öl in einer Fritteuse oder einem tiefen Topf erhitzen und die Pommes in Chargen goldbraun und knusprig frittieren. Auf Küchenpapier abtropfen lassen und leicht salzen.

Mehl mit Salz und Pfeffer würzen und in eine flache Schale geben. In einer anderen Schale das geschlagene Ei mit dem Bier verquirlen bis ein glatter Teig entsteht.

Die Fischfilets zuerst im gewürzten Mehl wenden, überschüssiges Mehl abschütteln, dann durch den Bier-Ei-Teig ziehen und sorgfältig in das heiße Öl geben. Frittieren, bis sie goldbraun und knusprig sind, dann ebenfalls auf Küchenpapier abtropfen lassen.

Die Mini-Fischfilets und Pommes auf einer Servierplatte anrichten und mit Zitrone sowie Tartarsauce zum Eintauchen servieren.

EUROPA

ENGLAND
PIMM'S CUP

Der Pimm's Cup ist ein klassischer britischer Sommercocktail, der ursprünglich Mitte des 19. Jahrhunderts von James Pimm erfunden wurde. Er diente als Digestif und wurde in einem kleinen Krug, dem «No. 1 Cup», serviert. Heute ist der Pimm's Cup ein unverzichtbarer Bestandteil der britischen Sommer- und Sportkultur, insbesondere bei Tennis- und Cricket-Events sowie bei Fußballfeiern.

PERSONEN 1 **MINUTEN** 15

ZUTATEN

- 50ml Pimm's No. 1
- 150ml Ginger Ale
- Eiswürfel
- Eine Auswahl an Früchte/Gemüse (z. B. Erdbeeren, Orangen, Gurken)
- Frische Minze zur Garnierung

ZUBEREITUNG

Ein hohes Glas bis zur Hälfte mit Eiswürfeln füllen.

Die Früchte, die Gurke und die Minze hinzufügen.

Pimm's No. 1 über das Eis gießen und mit Ginger Ale auffüllen.

Sanft umrühren um die Aromen zu vermischen.

LOKALES BIER ALS ALTERNATIVE:
Fuller's London Pride

EUROPA

FRANKREICH

FRANZÖSISCHE KÄSEPLATTE

Die französische Käseplatte, auch «Plateau de Fromage» genannt, ist ein klassischer Abschluss eines jeden französischen Essens und spiegelt die Vielfalt und Qualität der französischen Käsekultur wider. In Frankreich gibt es über 1.000 verschiedene Käsesorten.

PERSONEN 4 **MINUTEN** 15

ZUTATEN

- Verschiedene französische Käsesorten (z.B. Brie, Camembert, Roquefort, Comté)
- 1 frisches Baguette, in Scheiben geschnitten
- Trauben, Feigen oder Nüsse für die Garnierung
- Optional: eine Auswahl an Wurstwaren wie Salami oder Schinken

ZUBEREITUNG

Arrangieren Sie die Käsesorten ansprechend auf einer großen Platte.

Fügen Sie das in Scheiben geschnittene Baguette sowie Trauben, Feigen und Nüsse hinzu.

Optional können Sie die Platte mit einer Auswahl an Wurstwaren ergänzen.

Servieren Sie die Platte mit kleinen Tellern und Besteck, damit sich die Gäste selbst bedienen können.

EUROPA

FRANKREICH
🇫🇷 FRENCH 75 COCKTAIL

Der French 75 ist ein klassischer Cocktail, der während des Ersten Weltkriegs in Paris erfunden wurde und nach dem französischen 75-mm-Feldgeschütz benannt ist, bekannt für seine Präzision und Schnelligkeit. Der Drink symbolisiert die elegante und feierliche französische Cocktailkultur.

PERSONEN: 1
MINUTEN: 15

ZUTATEN

- 30ml Gin
- 15ml frischer Zitronensaft
- 10ml Zuckersirup
- 60ml Champagner
- Eiswürfel
- Eine Zitronenzeste zur Garnierung

ZUBEREITUNG

Gin, Zitronensaft und Zuckersirup in einen Shaker mit Eis geben und gut schütteln.

In ein Champagnerglas seihen und mit Champagner auffüllen.

Mit einer Zitronenzeste garnieren.

LOKALES BIER ALS ALTERNATIVE:
Kronenbourg 1664

EUROPA

GRIECHENLAND

GRIECHISCHES TZATZIKI MIT PITA-CHIPS

Tzatziki ist ein wesentlicher Bestandteil der griechischen Meze, einer Auswahl kleiner Gerichte, die traditionell zu Beginn einer Mahlzeit serviert werden. Seine erfrischenden Eigenschaften machen diesen Snack besonders im Sommer sehr beliebt.

PERSONEN: 4
MINUTEN: 30

ZUTATEN

Für das Tzatziki:
- **500g griechischer Joghurt**
- **1 große Gurke, entkernt und fein gerieben**
- **2-3 Knoblauchzehen, fein gehackt**
- **2 EL Olivenöl**
- **1 EL Weißweinessig**
- **Salz und frisch gemahlener schwarzer Pfeffer**
- **Ein paar Zweige Dill, fein gehackt**

Für die Pita-Chips:
- **4 Pita-Brote**
- **Olivenöl**
- **Salz**
- **Paprikapulver**

ZUBEREITUNG

Für das Tzatziki die geriebene Gurke leicht salzen und in einem Sieb etwa 10 Minuten im Wasser ziehen lassen.

Gurke, Joghurt, Knoblauch, Olivenöl, Essig und Dill in einer Schüssel vermischen. Mit Salz und Pfeffer abschmecken und kühl stellen.

Pita-Brote in Dreiecke schneiden, mit Olivenöl beträufeln, salzen und mit Paprikapulver bestreuen. Im vorgeheizten Ofen bei 180°C etwa 10 Minuten knusprig backen.

Die Pita-Chips mit dem Tzatziki servieren.

EUROPA

GRIECHENLAND
GREEK ISLAND BREEZE

Dieser Cocktail vereint die klassischen griechischen Aromen des Ouzo mit der Frische von Zitrone und der Süße von Honig, perfekt ergänzt durch das sprudelnde Wasser. Der «Greek Island Breeze» ist eine moderne Kreation, welche die Essenz der griechischen Inseln einfängt und für eine erfrischende Abkühlung an heißen Sommertagen sorgt.

PERSONEN 1
MINUTEN 10

ZUTATEN

- 50ml Ouzo
- 20ml frischer Zitronensaft
- 10ml flüssiger Honig
- Sprudelwasser zum Auffüllen
- Eiswürfel
- Zitronenscheibe und Minzzweig zur Garnierung

ZUBEREITUNG

Eiswürfel in ein Glas geben.

Ouzo, Zitronensaft und Honig hinzufügen und umrühren.

Mit Sprudelwasser auffüllen und erneut leicht umrühren.

Mit einer Zitronenscheibe und einem Minzzweig garnieren.

LOKALES BIER ALS ALTERNATIVE:
Mythos

EUROPA

IRLAND

SODABROT-BITES MIT RÄUCHERLACHS

Das irische Sodabrot ist ein traditionelles Brot, das ohne Hefe, sondern mit Natron als Triebmittel zubereitet wird. Die Einfachheit und Schnelligkeit der Zubereitung machen es zu einem Grundnahrungsmittel in irischen Haushalten.

PERSONEN 4
MINUTEN 45

ZUTATEN

- 225g Weizenmehl
- 1 TL Natron
- 1 TL Salz
- 200ml Buttermilch
- 100g Räucherlachs
- Frischer Dill
- 100g Frischkäse
- Schwarzer Pfeffer

ZUBEREITUNG

Heizen Sie Ihren Ofen auf 220°C vor und bereiten Sie ein Backblech mit Backpapier vor.

In einer großen Schüssel Mehl, Natron und Salz vermischen. Machen Sie eine Mulde in der Mitte und gießen Sie langsam die Buttermilch hinein. Mit einer Gabel rühren, bis der Teig zusammenkommt.

Den Teig auf eine leicht bemehlte Oberfläche geben und zu einem runden Laib formen ohne zu stark zu kneten. In kleine Bites schneiden.

Die Bites auf das vorbereitete Backblech legen und im vorgeheizten Ofen ca. 15-20 Minuten backen bis sie goldbraun sind.

Lassen Sie die Bites kurz abkühlen. Kombinieren Sie Frischkäse mit fein gehacktem Dill und etwas schwarzem Pfeffer. Streichen Sie eine kleine Menge der Frischkäse-Mischung auf jedes Bite und belegen Sie es mit einem Stück Räucherlachs.

Die leckeren Bites mit etwas Dill und frisch gemahltem

EUROPA

IRLAND

IRISH COFFEE

Der Irish Coffee wurde in den 1940er Jahren von Joe Sheridan, einem Chefkoch am Flughafen Foynes, einem Vorläufer des heutigen Flughafens Shannon erfunden. Er kreierte das Getränk um müde Passagiere aufzuwärmen.

PERSONEN: 1
MINUTEN: 15

ZUTATEN

- 40ml irischer Whiskey
- 150ml heißer, starker schwarzer Kaffee
- 2 TL brauner Zucker
- Schlagsahne

ZUBEREITUNG

Den braunen Zucker in ein vorgewärmtes Glas geben.

Mit dem heißen Kaffee aufgießen und umrühren bis sich der Zucker aufgelöst hat.

Den irischen Whiskey hinzufügen und leicht umrühren.

Vorsichtig Schlagsahne über den Rücken eines Löffels auf den Drink gleiten lassen, sodass eine Sahneschicht entsteht.

Genießen Sie den Irish Coffee ohne umzurühren um die warme Kaffee-Whiskey-Mischung unter der kühlen Sahne zu erleben.

LOKALES BIER ALS ALTERNATIVE:
Guinness

EUROPA

ISLAND
ISLÄNDISCHE SKYR-BRÖTCHEN

Skyr ist ein traditionelles isländisches Produkt das die Konsistenz von Joghurt hat aber technisch gesehen ein weicher Käse ist. Es ist ein Grundnahrungsmittel der isländischen Ernährung und wird für seine hohen Proteinwerte und geringen Fettgehalt geschätzt.

PERSONEN: 4
MINUTEN: 25

ZUTATEN

- 200g Skyr (isländischer Joghurt)
- 1 Gurke, in dünne Scheiben geschnitten
- 2 Radieschen, in dünne Scheiben geschnitten
- Schnittlauch, geschnitten
- Vollkornbrötchen oder Baguette

ZUBEREITUNG

Die Brötchen halbieren und toasten falls gewünscht.

Eine großzügige Schicht Skyr auf die unteren Hälften streichen.

Mit Gurken- und Radieschenscheiben belegen.

Mit dem Schnittlauch garnieren.

EUROPA

ISLAND

THOR'S FOREST MIT BRENNIVÍN UND TONIC

Brennivín, bekannt als «Schwarzer Tod», ist ein traditioneller isländischer Schnaps der oft zu besonderen Anlässen genossen wird. Sein unverwechselbarer Geschmack und seine Verbindung zur isländischen Kultur machen ihn zu einem einzigartigen Getränk für Fußballabende.

PERSONEN: 1
MINUTEN: 10

ZUTATEN

- 50ml Brennivín (isländischer Schnaps)
- 30ml St. George Terroir Gin
- Tonic Water
- Eiswürfel
- Ein Rosmarinzweig

ZUBEREITUNG

Ein Glas mit Eiswürfeln füllen.

Brennivín und St. George Terroir Gin dazugeben und mit Tonic Water auffüllen.

Mit dem Rosmarinzweig garnieren.

LOKALES BIER ALS ALTERNATIVE:
Einstök

EUROPA

ITALIEN

ITALIENISCHE BRUSCHETTA

Bruschetta ist eine klassische italienische Vorspeise deren Ursprünge bis ins 15. Jahrhundert zurückreichen. Ursprünglich ein Gericht der armen Leute, wurde es aus der Notwendigkeit geboren altes Brot verwerten zu wollen. Die einfache Kombination aus frischen Zutaten spiegelt die italienische Küche in ihrer Essenz wider.

PERSONEN 4
MINUTEN 25

ZUTATEN

- 4 große reife Tomaten, gewürfelt
- 1 Knoblauchzehe, fein gehackt
- 1 kleiner Bund Basilikum, grob gehackt
- 2 EL Olivenöl extra vergine
- 1 TL Balsamico-Essig
- Salz und frisch gemahlener schwarzer Pfeffer
- 1 Baguette, in Scheiben geschnitten
- Zusätzliches Olivenöl zum Bestreichen der Brotscheiben

ZUBEREITUNG

In einer Schüssel die gewürfelten Tomaten, gehackten Knoblauch, Basilikum, Olivenöl und Balsamico-Essig vermengen. Mit Salz und Pfeffer abschmecken und beiseitestellen damit die Aromen sich entfalten können.

Die Baguettescheiben leicht mit Olivenöl bestreichen und auf dem Grill oder in einer Pfanne von beiden Seiten goldbraun toasten.

Die gerösteten Brotscheiben warm mit der Tomatenmischung belegen und sofort servieren.

EUROPA

ITALIEN
NEGRONI

Der Negroni wurde zu Beginn des 20. Jahrhunderts in Florenz / Italien erfunden. Die Legende besagt, dass Graf Camillo Negroni seinen Barkeeper bat seinen üblichen Americano-Cocktail (bestehend aus Campari, Wermut und Wasser) zu verstärken, indem er das Wasser durch Gin ersetzte. Das Ergebnis war so beliebt, dass es bald unter dem Namen des Grafen bekannt wurde.

PERSONEN: 1
MINUTEN: 10

ZUTATEN

- 30ml Gin
- 30ml Campari
- 30ml roter Wermut (Vermouth Rosso)
- Eiswürfel
- Eine Orangenscheibe zur Garnierung

ZUBEREITUNG

Einige Eiswürfel in ein Glas geben.

Gin, Campari und roten Wermut hinzufügen und vorsichtig umrühren um die Zutaten zu vermischen.

Mit einer Orangenscheibe garnieren.

LOKALES BIER ALS ALTERNATIVE:
Peroni

EUROPA

KROATIEN
KROATISCHE CEVAPCICI MIT AJVAR

Ćevapčići sind ein beliebter Snack in Kroatien der besonders bei gesellschaftlichen Zusammenkünften wie Fußballspielen genossen wird. Ursprünglich aus dem Balkan stammend haben sie einen festen Platz in der kroatischen Küche.

PERSONEN: 4
MINUTEN: 90

ZUTATEN

Für die Ćevapčići:
- 500g gemischtes Hackfleisch (Rind und Schwein)
- 2 Knoblauchzehen, fein gehackt
- 1 kleine Zwiebel, fein gewürfelt
- Salz, Pfeffer, Paprikapulver

Für das Ayvar:
- 2 rote Paprika
- 1 mittelgroße Aubergine
- 1 Knoblauchzehe, fein gehackt
- 2 EL Olivenöl
- 1 EL Essig
- Salz und Pfeffer nach Geschmack

ZUBEREITUNG

Für die Ayvar-Mischung Paprika und Aubergine bei 200°C im Ofen rösten, bis die Haut schwarz wird und Blasen wirft (ca. 30-40 Minuten).

Das geröstete Gemüse in eine Schüssel geben und mit Frischhaltefolie abdecken um es etwa 20 Minuten schwitzen zu lassen. Dadurch lässt sich die Haut leichter entfernen.

Haut, Stiele und Kerne entfernen und das Gemüse grob hacken.

Gehacktes Gemüse, Knoblauch, Olivenöl und Essig in einen Topf geben. Mit Salz und Pfeffer würzen.

Bei niedriger Hitze etwa 30 Minuten köcheln lassen bis die Mischung eindickt.

In der Zwischenzeit das Hackfleisch mit Knoblauch, Zwiebeln und Gewürzen gründlich vermengen.

Aus der Masse kleine Röllchen formen und auf Spieße stecken oder ohne Spieße braten.

Auf dem Grill oder in der Pfanne von allen Seiten gut durchbraten.

Zusammen mit dem Ajvar servieren.

EUROPA

KROATIEN
RAKIJA SOUR

Rakija ist ein traditioneller Schnaps in Kroatien der aus verschiedenen Früchten hergestellt wird. Er ist tief in der kroatischen Kultur verwurzelt und wird oft zu Beginn einer Mahlzeit oder bei besonderen Anlässen serviert. Der Rakija Sour ist eine moderne Interpretation die diesen klassischen Schnaps in einen erfrischenden Cocktail verwandelt.

PERSONEN: 1
MINUTEN: 10

ZUTATEN

- 50ml Rakija (Obstbrand)
- 20ml frischer Zitronensaft
- 10ml Zuckersirup
- Eiswürfel
- Eine Zitronenscheibe zur Garnierung

ZUBEREITUNG

Rakija, Zitronensaft und Zuckersirup mit Eiswürfeln in einen Shaker geben.

Gut schütteln und in ein Glas über Eiswürfel abseihen.

Mit einer Zitronenscheibe garnieren.

LOKALES BIER ALS ALTERNATIVE:
Ožujsko

EUROPA

NIEDERLANDE
BITTERBALLEN

Bitterballen sind ein beliebter niederländischer Snack, traditionell serviert in Bars als Begleitung zu alkoholischen Getränken. Ihre Geschichte reicht bis ins 17. Jahrhundert zurück als sie als Mittel zur Resteverwertung entstanden.

PERSONEN: 4
MINUTEN: 120

ZUTATEN

- 50g Butter
- 60g Mehl
- 300ml Rinderbrühe
- 200g fein gehacktes Rindfleisch oder Kalbfleisch
- 1 Zwiebel, fein gehackt
- Salz, Pfeffer, Muskat
- 2 Eier, geschlagen
- Paniermehl
- Öl zum Frittieren
- Senf

ZUBEREITUNG

Butter in einem Topf schmelzen, Zwiebel glasig dünsten. Mehl einrühren und kurz anschwitzen.

Mit Rinderbrühe ablöschen, glatt rühren. Fleisch unterrühren, mit Gewürzen abschmecken. Masse ca. 1 Stunde kühlen.

Aus der Masse kleine Kugeln formen, durch geschlagene Eier ziehen, in Paniermehl wenden.

Bitterballen in heißem Öl goldbraun frittieren.

Zusammen mit Senf servieren und genießen.

EUROPA

NIEDERLANDE
DUTCH MULE

Genever, der Vorläufer des modernen Gins hat eine lange Tradition in den Niederlanden und gilt als nationaler Schnaps. Der Dutch Mule ist eine lokale Adaption des klassischen Moscow Mule, die den einzigartigen Geschmack des Genevers hervorhebt.

PERSONEN: 1
MINUTEN: 10

ZUTATEN

- 50ml Genever (z. B. „By the Dutch Old Genever")
- 15ml frischer Limettensaft
- Ginger Beer
- Eiswürfel
- Limettenscheibe oder Minzzweig zur Garnierung

ZUBEREITUNG

Eiswürfel in ein Kupferbecher oder hohes Glas geben.

Genever und Limettensaft hinzufügen.

Mit Ginger Beer auffüllen und umrühren.

Mit Limettenscheibe oder Minzzweig garnieren.

LOKALES BIER ALS ALTERNATIVE:
Heineken

EUROPA

NORWEGEN
🇳🇴 NORWEGISCHE RØMMEGRØT

Rømmegrøt ist ein traditioneller norwegischer Brei, der besonders an Feiertagen und besonderen Anlässen serviert wird. Er symbolisiert Gastfreundschaft und Wärme.

PERSONEN: 4
MINUTEN: 30

ZUTATEN

- 500ml Sauerrahm
- 250ml Wasser oder Milch
- 120g Weizenmehl
- 1 TL Salz
- Butter, Zucker und Zimt zum Servieren

ZUBEREITUNG

Sauerrahm in einem Topf erwärmen bis er leicht köchelt.

Mehl einrühren und kontinuierlich rühren bis die Mischung eindickt.

Mit Wasser oder Milch auf die gewünschte Konsistenz verdünnen.

Mit Salz abschmecken und in Schüsseln servieren.

Mit Butterflöckchen, Zucker und Zimt garnieren.

EUROPA

NORWEGEN
🇳🇴 CLOUDBERRY DREAM

Moltebeeren sind in den nordischen Ländern sehr geschätzt und bekannt für ihren einzigartigen Geschmack. Der «Cloudberry Dream» feiert diese seltene Beere in einem festlichen Getränk.

PERSONEN: 1
MINUTEN: 10

ZUTATEN

- 40ml Moltebeerenlikör (z. B. Lignell & Piispanen Lakka Light)
- 100ml Sekt oder Prosecco
- Frische Moltebeeren zur Dekoration, alternativ eignen sich auch Brombeeren oder Erdbeeren

ZUBEREITUNG

Moltebeerenlikör in ein Sektglas geben.

Mit gekühltem Sekt oder Prosecco auffüllen.

Mit frischen Moltebeeren, Brombeeren oder Erdbeeren garnieren.

LOKALES BIER ALS ALTERNATIVE:
Aass

EUROPA

ÖSTERREICH
WIENER WÜRSTEL MIT SENF UND KREN

Wiener Würstel sind ein Klassiker der österreichischen Küche und eng mit der Wiener Kultur verbunden. Ursprünglich aus Frankfurt stammend, wurden sie im 19. Jahrhundert in Wien adaptiert und sind seitdem ein beliebter Snack bei Veranstaltungen und in Würstelständen. Die Kombination mit süßem Senf und Kren ist typisch für Österreich und bietet eine einzigartige Geschmackserfahrung.

PERSONEN 4
MINUTEN 25

ZUTATEN

- 4 Paar Wiener Würstel (Frankfurter)
- 100g frischer Kren (Meerrettich), geraspelt
- 4 EL Senf, vorzugsweise österreichischer süßer Senf
- 4 Semmeln oder kleine Baguettes
- Optional: Sauerkraut als Beilage

ZUBEREITUNG

Die Wiener Würstel in einem Topf mit Wasser zum Kochen bringen.

Das Wasser sollte heiß sein, aber nicht kochen, um die Würstel schonend zu erwärmen. Die Würstel darin für etwa 5 Minuten ziehen lassen bis sie heiß sind.

In der Zwischenzeit die Semmeln aufschneiden und optional das Sauerkraut erwärmen, falls dieses als Beilage gewünscht ist.

Die heißen Würstel aus dem Wasser nehmen und abtropfen lassen. Anschließend jeweils ein Würstel in eine aufgeschnittene Semmel legen.

Die Würstel mit Senf und frisch geraspeltem Kren garnieren. Nach Belieben kann auch etwas Sauerkraut hinzugefügt werden.

Sofort servieren und genießen.

EUROPA

ÖSTERREICH
ALMDUDLER SPRITZ

Almdudler ist ein ikonisches Getränk aus Österreich welches seit 1957 existiert. Es wird oft als die «österreichische Antwort auf Cola» beschrieben und genießt Kultstatus. Sein einzigartiger Geschmack kommt von einer Mischung aus Kräuterextrakten. Der Almdudler Spritz ist eine moderne Interpretation, die das traditionelle Getränk mit österreichischem Wein verbindet, um einen erfrischenden und leichten Cocktail zu kreieren der perfekt für gesellige Anlässe wie das Fußballschauen ist.

PERSONEN: 1
MINUTEN: 15

ZUTATEN

- 100ml Almdudler (österreichisches Kräuterlimonadengetränk)
- 50ml Weißwein, trocken (vorzugsweise ein österreichischer Grüner Veltliner)
- 50ml Sprudelwasser
- Eiswürfel
- Eine Zitronenscheibe oder Minzblatt zur Dekoration

ZUBEREITUNG

Einige Eiswürfel in ein Weinglas geben.

Den trockenen Weißwein über das Eis gießen.

Almdudler hinzufügen.

Mit Sprudelwasser auffüllen und leicht umrühren um die Zutaten zu vermischen.

Mit einer Zitronenscheibe oder einem Minzblatt dekorieren und sofort servieren.

LOKALES BIER ALS ALTERNATIVE:
Stiegl

EUROPA

PORTUGAL
PETISCOS DE CHOURIÇO

Petiscos sind das portugiesische Äquivalent zu den spanischen Tapas und ein fester Bestandteil der portugiesischen Esskultur. Chouriço, eine würzige und geräucherte Paprikawurst, spielt in vielen portugiesischen Gerichten eine zentrale Rolle. Dieser Snack ist besonders beliebt in geselligen Runden und passt hervorragend zu einem Fußballabend. Die Tradition des gemeinsamen Genusses von Petiscos spiegelt die portugiesische Gastfreundschaft und die Freude am Teilen von Speisen mit Familie und Freunden wider.

PERSONEN: 4
MINUTEN: 25

ZUTATEN

- 2 Chouriço (Chorizo-Wurst), in Scheiben geschnitten
- 2 EL Olivenöl
- 1 rote Paprika, in dünne Streifen geschnitten
- 1 Zwiebel, grob geschnitten
- 2 Knoblauchzehen, fein gehackt
- 1 kleines Glas Rotwein (ca. 100ml)
- 1 TL süßes Paprikapulver
- Salz und Pfeffer nach Geschmack
- Frisches Brot oder Baguette zum Servieren

ZUBEREITUNG

Erhitzen Sie das Olivenöl in einer großen Pfanne bei mittlerer Hitze. Fügen Sie die Zwiebeln und den Knoblauch hinzu und braten Sie diese an bis sie weich sind.

Geben Sie die Chouriço-Scheiben und die rote Paprika hinzu. Lassen Sie diese für etwa 5 Minuten anbraten bis die Chouriço leicht gebräunt ist.

Reduzieren Sie die Hitze und gießen Sie den Rotwein hinzu und würzen Sie alles mit dem Paprikapulver. Lassen Sie alles für etwa 10 Minuten köcheln, bis der Wein etwas reduziert ist und die Aromen sich gut verbunden haben. Mit Salz und Pfeffer abschmecken.

Servieren Sie die Petiscos de Chouriço heiß mit frischem Brot oder Baguette.

EUROPA

PORTUGAL
PORTO TÓNICO

Der Porto Tónico ist eine moderne Interpretation des traditionellen Portweingenusses und hat sich in den letzten Jahren zu einem beliebten Sommergetränk in Portugal und darüber hinaus entwickelt. Weißer Portwein, der für seine süßen und fruchtigen Noten bekannt ist, bietet in Kombination mit dem bitteren Tonic Water ein ausgewogenes und erfrischendes Geschmackserlebnis. Dieser Cocktail spiegelt die Innovationsfreude der portugiesischen Weinindustrie wider, die traditionelle Produkte in neuen und modernen Kontexten präsentiert.

PERSONEN 1　**MINUTEN** 10

ZUTATEN

- 50ml weißer Portwein
- 100ml Tonic Water
- Eiswürfel
- Eine Scheibe Orange oder Zitrone
- Ein Zweig Minze zur Dekoration

ZUBEREITUNG

Füllen Sie ein hohes Glas bis zum Rand mit Eiswürfeln.

Gießen Sie den weißen Portwein über das Eis.

Füllen Sie das Glas mit Tonic Water auf und rühren Sie den Drink vorsichtig um, um die Flüssigkeiten zu vermischen.

Garnieren Sie den Drink mit einer Scheibe Orange oder Zitrone und einem Zweig Minze.

Servieren Sie den Porto Tónico sofort, idealerweise gekühlt, um seine erfrischenden Aromen vollends zu genießen.

LOKALES BIER ALS ALTERNATIVE:
Super Bock

EUROPA

RUMÄNIEN
MICI

Mici, auch Mititei genannt, sind ein beliebter Snack in Rumänien, insbesondere beim Fußballschauen oder bei anderen gesellschaftlichen Anlässen. Ihre Geschichte reicht bis ins 19. Jahrhundert zurück, als sie angeblich in einer Bukarester Kneipe erfunden wurden, um den Mangel an Wursthüllen zu umgehen. Seitdem sind sie ein fester Bestandteil der rumänischen Küche und ein Symbol für geselliges Beisammensein.

PERSONEN 4
MINUTEN 35

ZUTATEN

- 500g Rinderhackfleisch
- 500g Schweinehackfleisch
- 5 Knoblauchzehen, fein gehackt
- 1 TL Backpulver
- 2 TL Paprikapulver
- 1 TL getrockneter Thymian
- 1/2 TL gemahlener Koriander
- Salz und Pfeffer nach Geschmack
- Ein wenig Sprudelwasser
- Öl zum Bestreichen des Grills
- Senf, Brot oder Pommes Frites für die Beilage

ZUBEREITUNG

In einer großen Schüssel das Rinder- und Schweinehackfleisch gründlich vermischen.

Den fein gehackten Knoblauch, Backpulver, Paprikapulver, Thymian, Koriander, Salz und Pfeffer hinzufügen. Alles gut vermengen.

Langsam ein wenig Sprudelwasser hinzufügen, während Sie weiterhin die Fleischmasse kneten, bis die Mischung homogen ist und eine leicht klebrige Konsistenz hat.

Mit nassen Händen die Fleischmasse in kleine, längliche Würstchen formen.

Den Grill vorheizen und leicht mit Öl bestreichen.

Die Mici bei mittlerer Hitze von allen Seiten gleichmäßig grillen bis sie durchgebraten sind, etwa 10 Minuten.

Die Mici heiß servieren, idealerweise mit Senf und frischem Brot oder Pommes Frites als Beilage.

EUROPA

RUMÄNIEN
TUICA SOUR

Țuică ist ein traditioneller rumänischer Schnaps der hauptsächlich aus Pflaumen hergestellt wird. Seine Wurzeln reichen weit in die rumänische Geschichte zurück und er wird oft bei besonderen Anlässen und Feierlichkeiten serviert. Der Țuică Sour ist eine moderne Interpretation die diesen traditionellen Schnaps in einen erfrischenden Cocktail verwandelt. Dieser Drink vereint die kräftigen Aromen des Țuică mit der Säure der Zitrone und der Süße des Sirups, was ihn zu einer beliebten Wahl für gesellige Anlässe macht.

PERSONEN 1
MINUTEN 10

ZUTATEN

- 50ml Țuică (z. B. Vlad - The Spirit of Transylvania)
- 25ml frischer Zitronensaft
- 15ml Zuckersirup (alternativ einfach zu gleichen Teilen Zucker und Wasser vermischen)
- Eiswürfel
- Eine Scheibe Zitrone zur Dekoration
- Ein kleiner Zweig Minze zur Dekoration

ZUBEREITUNG

Füllen Sie einen Shaker zur Hälfte mit Eiswürfeln.

Geben Sie Țuică, frischen Zitronensaft und Zuckersirup in den Shaker.

Schütteln Sie den Inhalt kräftig bis die Außenseite des Shakers beschlägt.

Geben Sie den Drink in ein gekühltes Glas über frische Eiswürfel.

Garnieren Sie den Drink mit einer Zitronenscheibe und einem Zweig Minze.

Sofort servieren und genießen.

LOKALES BIER ALS ALTERNATIVE:
Ursus

EUROPA

SCHOTTLAND

SCHOTTISCHE EIER

Schottische Eier wurden erstmals im 18. Jahrhundert in London als tragbare Snacks für Reisende erfunden. Ihr Ursprung wird oft dem Kaufhaus Fortnum & Mason zugeschrieben. Man vermutet, dass der Name entstand, als schottische Wachen in den Wellington Barracken/Westminster stationiert wurden und diesen Snack lieben lernten.

PERSONEN: 4
MINUTEN: 40

ZUTATEN

- 8 Eier
- 400g Schweinewurstbrät
- 1 TL getrockneter Thymian
- 1 TL getrockneter Rosmarin
- Salz und frisch gemahlener schwarzer Pfeffer
- 100g Mehl
- 200g Paniermehl
- Öl zum Frittieren

ZUBEREITUNG

Beginnen Sie damit, 4 Eier hart zu kochen, sie anschließend abzuschrecken und zu schälen.

Das Schweinewurstbrät in einer Schüssel mit Thymian, Rosmarin, Salz und Pfeffer gut vermischen. Teilen Sie das Wurstbrät in 4 gleiche Portionen und formen Sie jede Portion flach auf Ihrer Hand.

Legen Sie ein hartgekochtes Ei in die Mitte jeder Wurstbrätfleischportion und formen Sie das Fleisch um das Ei herum, bis es vollständig umhüllt ist.

Schlagen Sie die 4 rohen Eier in einer Schüssel auf und verquirlen Sie diese. Geben Sie Mehl und Paniermehl jeweils in separate Schüsseln. Rollen Sie jedes umhüllte Ei zuerst im Mehl, dann im verquirlten Ei und zuletzt im Paniermehl, bis es gut bedeckt ist.

Erhitzen Sie das Öl in einem tiefen Topf oder einer Fritteuse auf etwa 180°C. Frittieren Sie die Eier in dem heißen Öl für etwa 4-5 Minuten bis sie goldbraun und knusprig sind. Legen Sie die fertigen Eier auf Küchenpapier um überschüssiges Öl zu entfernen.

Servieren Sie die Schottischen Eier warm oder kalt, je nach Vorliebe.

EUROPA

SCHOTTLAND

🏴󠁧󠁢󠁳󠁣󠁴󠁿 WHISKY MAC

Der Whisky Mac, kurz für Whisky Macdonald, ist ein klassischer schottischer Cocktail, der bereits im 19. Jahrhundert erfunden wurde. Er vereint die Wärme und Tiefe des schottischen Whiskys mit der würzigen Süße des grünen Ingwerweins was ihn zu einem beliebten Drink macht. Ursprünglich als Mittel gegen die kalten schottischen Winterabende gedacht, hat er sich zu einem zeitlosen Klassiker entwickelt der bei verschiedenen Anlässen genossen wird.

PERSONEN 1 **MINUTEN** 10

ZUTATEN

- 50ml Schottischer Whisky (z. B. Dalmore Port Wood Reserve Whisky)
- 50ml Grüner Ingwerwein
- Eiswürfel
- Optional Zitronenzeste oder Ingwerstück

ZUBEREITUNG

Füllen Sie das Glas zur Hälfte mit Eiswürfeln.

Gießen Sie den schottischen Whisky und den grünen Ingwerwein darüber.

Rühren Sie die Mischung vorsichtig um bis sie gut gekühlt ist.

Optional können Sie den Drink mit einer Zitronenzeste oder einem Ingwerstück garnieren.

Sofort servieren.

LOKALES BIER ALS ALTERNATIVE:
BrewDog

EUROPA

SCHWEDEN
SMÖRGÅSTÅRTA (SANDWICH-TORTE)

Die Smörgåstårta ist ein beliebter Bestandteil schwedischer Feierlichkeiten und ein klassisches Gericht für besondere Anlässe. Sie vereint die Liebe der Schweden zu Meeresfrüchten und ihre Vorliebe für praktische, aber dennoch festliche Gerichte. Ursprünglich in den 1960er Jahren populär geworden, spiegelt die Sandwich-Torte die Kreativität und Vielseitigkeit der schwedischen Küche wider.

PERSONEN: 4
MINUTEN: 40

ZUTATEN

- 1 Laib Weißbrot oder Sandwichbrot
- 200g Frischkäse
- 100g Mayonnaise
- 200g geräucherter Lachs
- 100g gekochte Shrimps oder Garnelen
- 1 kleiner Bund Dill, fein gehackt
- 1 kleiner Bund Schnittlauch, fein geschnitten
- Gurken, in dünne Scheiben geschnitten
- Hartgekochte Eier, in Scheiben geschnitten
- Optional: Kaviar, Zitronenscheiben und zusätzliche Kräuter zur Dekoration

ZUBEREITUNG

Schneiden Sie das Brot in gleichmäßige Scheiben und entfernen Sie die Kruste.

Mischen Sie Frischkäse und Mayonnaise in einer Schüssel bis eine glatte Creme entsteht. Rühren Sie fein gehackten Dill und Schnittlauch unter.

Legen Sie eine Schicht Brot auf eine große Platte. Bestreichen Sie die Brotschicht mit einem Drittel der Frischkäse-Mayonnaise-Mischung. Belegen Sie diese dann mit einer Schicht Lachs.

Wiederholen Sie den Vorgang mit beliebig weiteren Brotschichten bis alle Zutaten aufgebraucht sind und schließen Sie mit einer Brotschicht ab.

Bestreichen Sie die oberste Schicht der Torte mit der restlichen Frischkäse-Mayonnaise-Mischung.

Dekorieren Sie die Torte mit Gurkenscheiben, Eierscheiben, Shrimps / Garnelen, Dill, Schnittlauch, optional Kaviar und Zitronenscheiben.

Lassen Sie die Smörgåstårta vor dem Servieren mindestens 2 Stunden im Kühlschrank fest werden.

EUROPA

SCHWEDEN

SWEDISH 75 (LINGONBERRY COCKTAIL)

Der Swedish 75 ist eine schwedische Abwandlung des klassischen French 75, einem Cocktail, der ursprünglich im Ersten Weltkrieg in Frankreich kreiert wurde und für seine Eleganz und Feierlichkeit bekannt ist. Der Einsatz von Lingonberry-Sirup (oder Preiselbeersirup) anstelle des traditionellen Zuckersirups fügt eine charakteristische nordische Note hinzu die den Cocktail sowohl erfrischend als auch optisch ansprechend macht. Dieser Cocktail eignet sich perfekt für festliche Anlässe oder als eleganter Aperitif.

PERSONEN 1 MINUTEN 15

ZUTATEN

- 30ml Gin
- 15ml Lingonberry-Sirup oder Preiselbeersirup
- 15ml frischer Zitronensaft
- Sekt oder Champagner zum Auffüllen
- Eiswürfel
- Eine Zitronenzeste oder ein paar frische Preiselbeeren zur Dekoration

ZUBEREITUNG

Füllen Sie einen Cocktailshaker zur Hälfte mit Eiswürfeln.

Geben Sie den Gin, Lingonberry-Sirup (oder Preiselbeersirup) und frischen Zitronensaft in den Shaker.

Schütteln Sie die Mischung kräftig bis der Shaker von außen beschlägt.

Geben Sie den Mix in ein Champagnerglas. Füllen Sie das Glas vorsichtig mit Sekt oder Champagner auf.

Garnieren Sie den Cocktail mit einer Zitronenzeste oder einigen frischen Preiselbeeren.

Servieren Sie den Cocktail sofort.

LOKALES BIER ALS ALTERNATIVE:
Sofiero

EUROPA

SCHWEIZ
🇨🇭 ÄLPLER MAGRONEN MIT APFELMUS

Älpler Magronen stammen aus den Schweizer Alpen und waren ursprünglich ein einfaches, nahrhaftes Gericht für die Alpenhirten. Die Kombination aus Pasta, Kartoffeln und Käse bot viel Energie, während Apfelmus als süßer, fruchtiger Kontrast diente. Dieses Gericht ist ein wunderbares Beispiel für die schweizerische Küche, die oft einfache aber hochwertige Zutaten zu köstlichen Mahlzeiten vereint. Es zeigt wie traditionelle Gerichte mit der Zeit zu nationalen Lieblingen werden können.

PERSONEN 4
MINUTEN 45

ZUTATEN

Für die Älpler Magronen:
- **400g Magronen (oder eine andere Pasta-Art, z.B. Penne)**
- **300g Kartoffeln, geschält und in Würfel geschnitten**
- **2 Zwiebeln, geschnitten**
- **2 Knoblauchzehen, gehackt**
- **200ml Sahne**
- **200g geriebener Käse (vorzugsweise Schweizer Käse wie Gruyère / Appenzeller)**
- **Salz und Pfeffer**
- **Muskatnuss, frisch gerieben**
- **Butter zum Anbraten**

Für das Apfelmus:
- **4 Äpfel, geschält, entkernt und gewürfelt**
- **1/4 Tasse Wasser**
- **Zucker und Zimt (optional)**

ZUBEREITUNG

Für die Älpler Magronen: Kochen Sie die Pasta in einem großen Topf mit Salzwasser gemäß der Packungsanleitung. Fügen Sie etwa 5 Minuten vor Ende der Kochzeit die Kartoffelwürfel hinzu. Alles zusammen abgießen und beiseitestellen.

In einer Pfanne die Butter erhitzen und die Zwiebeln und Knoblauch darin anbraten bis sie goldbraun sind.

Die Pasta und Kartoffeln in die Pfanne geben, Sahne hinzufügen und gut vermischen. Auf kleiner Flamme köcheln lassen bis die Sahne leicht eingedickt ist.

Den geriebenen Käse unterrühren bis er geschmolzen ist und die Mischung cremig wird. Mit Salz, Pfeffer und Muskatnuss abschmecken.

Warm servieren, mit den knusprig gebratenen Zwiebeln obenauf.

Für das Apfelmus: Die Äpfel mit dem Wasser in einen Topf geben. Bei mittlerer Hitze kochen bis die Äpfel weich sind.

Nach Belieben Zucker und Zimt hinzufügen und alles zu einem glatten Mus pürieren.

Das Apfelmus abkühlen lassen und dann zu den Älpler Magronen servieren.

EUROPA

SCHWEIZ

🇨🇭 „SUURE MOSCHT" APFELWEIN-SCHORLE

Apfelwein, in der Schweiz oft als «Suure Moscht» bezeichnet, ist ein traditionelles Getränk das aus der Fermentation von Äpfeln gewonnen wird. Es hat eine lange Geschichte in der Schweiz, besonders in ländlichen Gebieten wo Äpfel reichlich vorhanden sind. Die Apfelwein-Schorle, eine Mischung aus Apfelwein und sprudelndem Wasser, bietet eine erfrischende Alternative zu stärkeren alkoholischen Getränken und ist besonders beliebt an warmen Tagen. Dieser Drink vereint die Liebe der Schweizer zu ihren lokalen Produkten und ihrer Neigung zu leichten, erfrischenden Getränken.

PERSONEN: 1
MINUTEN: 10

ZUTATEN

- 100ml Schweizer Apfelwein (auch bekannt als „Suure Moscht", z. B. Möhl Saft vom Fass mit Alkohol)
- 100ml Sprudelwasser
- Eiswürfel
- Eine dünne Apfelscheibe zur Dekoration
- Ein Minzblatt zur Dekoration

ZUBEREITUNG

Füllen Sie ein hohes Glas zur Hälfte mit Eiswürfeln.

Gießen Sie den Schweizer Apfelwein über das Eis.

Füllen Sie das Glas mit dem sprudelnden Mineralwasser auf und rühren Sie den Drink vorsichtig um.

Garnieren Sie das Getränk mit einer dünnen Apfelscheibe und einem Minzblatt.

Servieren Sie die Schorle sofort um ihre Erfrischung und Spritzigkeit voll auszukosten.

LOKALES BIER ALS ALTERNATIVE:
Feldschlösschen

EUROPA

SERBIEN
SERBISCHE LAMMFLEISCHBÄLLCHEN

Lammfleisch ist in der serbischen Küche sehr beliebt, insbesondere in den traditionellen Ćevapčići, die eine Variante der in ganz Südosteuropa verbreiteten Ćevapi darstellen. Die Verwendung von Lammfleisch bietet eine reiche Geschmacksnote die durch die Gewürze noch verstärkt wird. Dieses Gericht spiegelt die Vielfalt der serbischen Küche und ihre geschichtlichen Einflüsse wider.

PERSONEN: 4
MINUTEN: 35

ZUTATEN

- 500g Lammhackfleisch
- 1 kleine Zwiebel, sehr fein gewürfelt
- 2 Knoblauchzehen, fein gehackt
- 1 TL Paprikapulver
- 1/2 TL gemahlener Kreuzkümmel
- Salz und frisch gemahlener schwarzer Pfeffer
- Frische Petersilie, fein gehackt (optional)
- Öl zum Braten
- Als Beilage: Fladenbrot, Joghurt oder Salat nach Wahl

ZUBEREITUNG

In einer großen Schüssel das Lammhackfleisch mit der Zwiebel, dem Knoblauch, Paprikapulver, Kreuzkümmel, Salz, Pfeffer und der Petersilie gründlich vermischen.

Mit feuchten Händen die Mischung in kleine, etwa 10 cm runde Bällchen formen.

Eine Grillpfanne oder einen Grill vorheizen und leicht mit Öl bestreichen.

Die Lammfleischbällchen bei mittlerer Hitze von allen Seiten gleichmäßig braten bis sie durchgekocht sind, etwa 10 Minuten.

Die Lammfleischbällchen heiß servieren, idealerweise mit frischem Fladenbrot und Joghurt oder einem leichten Salat.

EUROPA

SERBIEN
SERBISCHER SLIWOWITZ-COCKTAIL

Sliwowitz ist ein traditioneller serbischer Schnaps der aus Pflaumen hergestellt wird und eine lange Tradition in der Region hat. Er wird oft bei besonderen Anlässen und als Digestif serviert. Dieser Cocktail verbindet den kräftigen Geschmack von Sliwowitz mit der Frische von Zitronensaft und der Süße von Zuckersirup zu einem ausgewogenen und erfrischenden Getränk, das die serbische Gastfreundschaft und Lebensfreude widerspiegelt.

PERSONEN: 1
MINUTEN: 15

ZUTATEN

- 50ml Sliwowitz (serbischer Pflaumenschnaps)
- 20ml frischer Zitronensaft
- 10ml Zuckersirup (alternativ einfach gleiche Anteile Zucker und Wasser verwenden)
- Sprudelwasser
- Eiswürfel
- Eine Zitronenscheibe und eine Pflaume zur Dekoration

ZUBEREITUNG

Füllen Sie einen Shaker mit Eiswürfeln.

Geben Sie den Sliwowitz, Zitronensaft und Zuckersirup in den Shaker.

Schütteln Sie alles kräftig bis der Shaker von außen kalt ist. Seihen Sie den Cocktail in ein Glas voller Eiswürfel ab.

Füllen Sie das Glas mit Sprudelwasser auf und rühren Sie vorsichtig um.

Garnieren Sie den Drink mit einer Zitronenscheibe und einer Pflaume.

LOKALES BIER ALS ALTERNATIVE:
Jelen Pivo

EUROPA

SLOWAKEI

BRYNDZOVÉ HALUŠKY

Bryndzové Halušky gilt als Nationalgericht der Slowakei und spiegelt die traditionelle slowakische Bauernküche wider. Bryndza (auch Brimsen genannt), ein weicher Schafsmilchkäse mit einer charakteristischen scharfen Geschmacksnote, ist einzigartig für die Region und verleiht diesem Gericht seinen unverwechselbaren Geschmack. Dieses herzhafte Gericht wird oft bei Festen und Feiern serviert und symbolisiert die slowakische Gastfreundschaft und kulturelle Identität.

PERSONEN: 4
MINUTEN: 40

ZUTATEN

- 500g Kartoffeln, geschält und gerieben
- 300g Weizenmehl
- 250g Bryndza Schafskäse (z. B. Bryndza Sadecka)
- 150g Speckwürfel
- Salz nach Geschmack
- Optional: Schnittlauch zur Garnierung

ZUBEREITUNG

Mischen Sie die geriebenen Kartoffeln mit dem Mehl und einer Prise Salz in einer großen Schüssel um einen Teig zu formen. Wenn der Teig zu flüssig ist, fügen Sie etwas mehr Mehl hinzu bis er formbar wird.

Bringen Sie in einem großen Topf Salzwasser zum Kochen.

Formen Sie mit einem Löffel oder Ihren Händen kleine Halušky (Knödel) aus dem Teig und geben Sie diese in das kochende Wasser. Sobald die Knödel an die Oberfläche steigen sind sie fertig. Nehmen Sie die Knödel mit einem Schaumlöffel heraus und legen Sie diese beiseite.

In einer Pfanne die Speckwürfel anbraten bis sie knusprig sind.

Vermischen Sie die gekochten Knödel mit dem Bryndza Schafskäse. Fügen Sie dann den knusprigen Speck hinzu und mischen Sie erneut.

Servieren Sie die Bryndzové Halušky heiß, optional garniert mit fein gehacktem Schnittlauch.

EUROPA

SLOWAKEI

TATRA TEA COCKTAIL

Tatra Tea ist ein beliebter slowakischer Kräuterlikör der ursprünglich in der Hohen Tatra (Gebirge in der Slowakei) als wärmendes Getränk für Bergsteiger und Skifahrer kreiert wurde. Seine Rezeptur basiert auf einer Mischung aus verschiedenen Kräutern und Gewürzen die in den slowakischen Bergen heimisch sind und wird traditionell zur Förderung der Gesundheit und zum Aufwärmen in der kalten Jahreszeit genossen. Der Tatra Tea Cocktail kombiniert die wärmenden Eigenschaften des Likörs mit der beruhigenden Wirkung von Tee und schafft so ein gemütliches und wohltuendes Getränk.

PERSONEN: 1
MINUTEN: 15

ZUTATEN

- 50ml Tatra Tea (TATRATEA Original Tea Liqueur 52%)
- 100ml heißer Tee nach eigener Vorliebe
- 1 EL Honig
- 1 Zitronenscheibe
- Gewürze nach Wahl (z. B. Zimtstange, Nelken)

ZUBEREITUNG

Bereiten Sie Ihren bevorzugten heißen Tee vor und füllen Sie ihn in ein hitzebeständiges Glas.

Fügen Sie den Tatra Tea und den Honig hinzu und rühren Sie bis sich der Honig vollständig aufgelöst hat.

Mit einer Zitronenscheibe garnieren und nach Belieben Gewürze wie eine Zimtstange oder Nelken hinzufügen.

Sofort servieren und genießen.

LOKALES BIER ALS ALTERNATIVE:
Zlatý Bažant

EUROPA

SPANIEN
PATATAS BRAVAS

Patatas Bravas sind ein klassischer spanischer Tapas-Snack dessen Ursprung in den Bars Madrids liegt. Sie sind berühmt für ihre einfache Zubereitung und ihren pikanten Geschmack. Die Kombination aus der knusprigen Textur der Kartoffeln und der scharfen Sauce, macht sie zu einem beliebten Gericht welches in ganz Spanien in Tapas-Bars serviert wird. Die Bezeichnung «bravas» bedeutet «wild» oder «mutig», was sich auf die Schärfe der Sauce bezieht.

PERSONEN: 4
MINUTEN: 50

ZUTATEN

- 800g Kartoffeln, geschält und in Würfel geschnitten
- 4 EL Olivenöl
- Salz

Für die Bravas-Sauce:
- 2 EL Olivenöl
- 1 kleine Zwiebel, fein gehackt
- 2 Knoblauchzehen, fein gehackt
- 1 TL scharfes Paprikapulver
- 1/2 TL geräuchertes Paprikapulver
- 400g gehackte Tomaten aus der Dose
- 1 TL Zucker
- Salz und Pfeffer nach Geschmack
- Optional: Basilikum, fein gehackt

ZUBEREITUNG

Heizen Sie Ihren Ofen auf 200°C vor. Vermischen Sie die Kartoffelwürfel mit Olivenöl und einer Prise Salz in einer großen Schüssel bis alles gut durchmischt ist.

Breiten Sie die Kartoffeln auf einem Backblech aus und backen Sie diese 35-40 Minuten lang bis sie goldbraun und knusprig sind. Gelegentlich wenden damit sie gleichmäßig garen.

Während die Kartoffeln backen erhitzen Sie 2 EL Olivenöl in einer Pfanne über mittlerer Hitze. Fügen Sie die Zwiebel und den Knoblauch hinzu und dünsten Sie beides bis die Zwiebeln glasig werden.

Fügen Sie das scharfe und das geräucherte Paprikapulver hinzu und rühren Sie es unter, gefolgt von den gehackten Tomaten, Zucker, Salz und Pfeffer. Lassen Sie die Sauce 10-15 Minuten köcheln, bis sie eingedickt ist. Passen Sie die Würze nach Geschmack an.

Geben Sie die gebackenen Kartoffeln in eine Servierschüssel und übergießen Sie diese mit der Bravas-Sauce. Optional: Garnieren Sie das Gericht mit fein gehacktem Basilikum.

Sofort servieren.

EUROPA

SPANIEN

TINTO DE VERANO

Der Tinto de Verano, was übersetzt «Rotwein des Sommers» bedeutet, ist ein in ganz Spanien beliebter Sommerdrink und gilt als eine leichtere, erfrischendere Alternative zum berühmten Sangria. Er entstand Anfang des 20. Jahrhunderts in Spanien und wurde schnell zu einem Volksgetränk, insbesondere in den heißen Sommermonaten. Der Drink spiegelt die spanische Lebensart und die Vorliebe für einfache, erfrischende Getränke wider die man in geselliger Runde genießt.

PERSONEN: 1
MINUTEN: 10

ZUTATEN

- 125ml spanischer Rotwein (vorzugsweise trocken, z. B. ein Rioja)
- 125ml kohlensäurehaltiges Zitronenlimonadengetränk (z. B. Sprite oder 7 Up)
- Eiswürfel
- Eine Zitronenscheibe zur Dekoration

ZUBEREITUNG

Füllen Sie ein hohes Glas bis zur Hälfte mit Eiswürfeln.

Gießen Sie den Rotwein und die Zitronenlimonade über das Eis.

Rühren Sie den Drink um die Flüssigkeiten zu vermischen.

Garnieren Sie das Glas mit einer Zitronenscheibe.

Servieren Sie den Tinto de Verano sofort und genießen Sie die Erfrischung.

LOKALES BIER ALS ALTERNATIVE:
Estrella Damm

EUROPA

TSCHECHIEN

TSCHECHISCHE OBLOZENE CHLEBICKY

Obložené Chlebíčky sind ein fester Bestandteil der tschechischen Küche und ein beliebter Snack bei verschiedenen Anlässen, von Familienfeiern bis hin zu offiziellen Veranstaltungen. Diese belegten Brote zeichnen sich durch ihre Vielfalt und Farbenpracht aus. Sie wurden erstmals Anfang des 20. Jahrhunderts in Prag von einem Feinkosthändler namens Jan Paukert kreiert, der behauptete das Rezept von einem Koch aus dem österreichischen Kaiserhaus erhalten zu haben.

PERSONEN: 4
MINUTEN: 25

ZUTATEN

- 1 Baguette, in schräge Scheiben geschnitten
- 150g Mayonnaise
- 100g weiche Butter
- 200g Schinken, dünn geschnitten
- 100g Edamer oder Gouda, in dünne Scheiben geschnitten
- 4 hartgekochte Eier, in Scheiben geschnitten
- 1 Gurke, in Scheiben geschnitten
- 1 kleine rote Zwiebel, dünn geschnitten
- 1 Tomate, in Scheiben geschnitten
- Radieschen, in Scheiben geschnitten, zur Dekoration
- Salz und Pfeffer nach Geschmack

ZUBEREITUNG

Mischen Sie die Mayonnaise mit der weichen Butter, um eine glatte Aufstrichbasis zu erhalten. Würzen Sie diese Mischung mit ein wenig Salz und Pfeffer.

Bestreichen Sie jede Baguettescheibe großzügig mit der Mayonnaise-Butter-Mischung.

Belegen Sie die Scheiben zunächst mit einer Schicht Schinken und dann mit Käse.

Ordnen Sie darauf die Eierscheiben, Gurkenscheiben, Zwiebelringe und Tomatenscheiben an. Sie können die Beläge nach Ihren Vorlieben anpassen.

Dekorieren Sie die belegten Brote mit Radieschenscheiben.

Servieren Sie die Obložené Chlebíčky sofort oder kühlen Sie diese, bis sie serviert werden.

EUROPA

TSCHECHIEN
BECHEROVKA LEMOND

Becherovka ist ein traditioneller tschechischer Kräuterlikör der seit dem frühen 19. Jahrhundert in der Stadt Karlsbad (Karlovy Vary) hergestellt wird. Ursprünglich als Medizin entwickelt, ist Becherovka heute ein beliebter Digestif und eine Zutat in vielen Cocktails. Der Becherovka Lemond ist eine moderne Kreation, der die einzigartigen Kräuternoten von Becherovka mit der Frische von Zitronensaft und der Leichtigkeit von Tonic Water kombiniert, was ihn zu einem beliebten Getränk für gesellige Anlässe macht.

PERSONEN: 1
MINUTEN: 10

ZUTATEN

- 50ml Becherovka (tschechischer Kräuterlikör)
- 100ml Tonic Water
- 10ml Zitronensaft
- Eiswürfel
- Eine Zitronenscheibe zur Dekoration

ZUBEREITUNG

Füllen Sie ein Glas bis zur Hälfte mit Eiswürfeln.

Gießen Sie den Becherovka und den Zitronensaft über das Eis.

Füllen Sie das Glas mit Tonic Water auf und rühren Sie vorsichtig um.

Garnieren Sie das Getränk mit einer Zitronenscheibe.

Servieren Sie den Becherovka Lemond sofort, um seine erfrischende und einzigartige Geschmackskombination zu genießen.

LOKALES BIER ALS ALTERNATIVE:
Pilsner Urquell

EUROPA

TÜRKEI
SIGARA BÖREGI

Sigara Böreği, was wörtlich «Zigaretten-Börek» bedeutet, ist ein beliebter türkischer Snack der traditionell mit Feta-Käse und Petersilie gefüllt ist. Sein Name stammt von der zylinderförmigen Rolle die an eine Zigarette erinnert. Dieser Snack ist ein fester Bestandteil der türkischen Teekultur und wird häufig bei gesellschaftlichen Zusammenkünften serviert. Die Zubereitung von Sigara Böreği variiert in verschiedenen Regionen der Türkei und sie können auch mit anderen Füllungen wie Hackfleisch oder Spinat zubereitet werden.

PERSONEN 4
MINUTEN 40

ZUTATEN

- 200g Feta-Käse, zerkrümelt
- Ein kleines Bündel Petersilie, fein gehackt
- 1 Ei (optional, für die Füllung)
- Schwarzer Pfeffer nach Geschmack
- 10 Yufka- oder Filoteigblätter (z. B. Klas Yufka Filoteig - halbieren, um ca. 20 Dreiecke zu erhalten)
- Öl zum Frittieren
- Optional: Ein wenig Paprikapulver für die Füllung

ZUBEREITUNG

In einer Schüssel den zerkrümelten Feta-Käse mit der fein gehackten Petersilie mischen. Fügen Sie schwarzen Pfeffer, das Ei und ein wenig Paprikapulver hinzu um die Füllung zu binden.

Legen Sie ein halbiertes Yufka- oder Filoteigblatt auf eine Arbeitsfläche und platzieren Sie etwa einen Esslöffel der Füllung am breiteren Ende des Dreiecks.

Rollen Sie den Teig von der breiten Seite her straff auf, falten Sie die Seiten ein um die Füllung zu verschließen und rollen Sie weiter, bis Sie eine Zigarrenform erhalten. Verwenden Sie ein wenig Wasser um das Ende des Teiges zu befeuchten und zu versiegeln.

Erhitzen Sie das Öl in einer tiefen Pfanne oder einem Topf auf mittlerer Temperatur.

Frittieren Sie die Sigara Böreği in Chargen bis sie goldbraun und knusprig sind, was etwa 3-4 Minuten pro Seite dauert.

Legen Sie die fertigen Börek auf Küchenpapier um überschüssiges Öl aufzusaugen. Servieren Sie die Börek heiß als köstlichen Snack.

EUROPA / ASIEN

TÜRKEI
SWINGING SULTAN COCKTAIL MIT RAKI

Raki, oft als «Löwenmilch» bezeichnet, ist das Nationalgetränk der Türkei und wird traditionell zu Meze oder als Digestif nach dem Essen serviert. Granatapfel ist in der türkischen Kultur tief verwurzelt und symbolisiert Fruchtbarkeit und Wohlstand. Dieser Cocktail vereint diese beiden Elemente zu einem erfrischenden und symbolträchtigen Getränk.

PERSONEN 1　　**MINUTEN** 15

ZUTATEN

- 40ml Raki (z. B. Tekirdag Raki Gold)
- 20ml Granatapfelsirup
- 10ml Zitronensaft
- Sprudelwasser zum Auffüllen
- Eiswürfel
- Eine Zitronenzeste zur Dekoration
- Einige Granatapfelkerne zur Dekoration

ZUBEREITUNG

Füllen Sie ein Glas mit einigen Eiswürfeln.

Gießen Sie den Raki, Granatapfelsirup und Zitronensaft über das Eis.

Füllen Sie das Glas mit Sprudelwasser auf und rühren Sie den Cocktail vorsichtig um, um alle Zutaten zu vermischen.

Garnieren Sie das Getränk mit einer Zitronenzeste und streuen Sie einige Granatapfelkerne darüber.

Servieren Sie den Cocktail sofort und genießen Sie die erfrischende Mischung aus türkischen Aromen.

LOKALES BIER ALS ALTERNATIVE:
Efes

EUROPA / ASIEN

UNGARN
UNGARISCHE LÁNGOS

Lángos ist ein traditionelles ungarisches Straßenessen das seinen Ursprung in der Zeit der Türkenherrschaft im 16. Jahrhundert hat. Ursprünglich als Fladenbrot gebacken, wurde es später in Fett gebacken, was ihm seinen charakteristischen Geschmack und seine Textur verleiht. Heute ist Lángos ein beliebter Snack auf Märkten, Festivals und an Straßenständen in ganz Ungarn, besonders beliebt im Sommer.

PERSONEN: 4
MINUTEN: 110

ZUTATEN

- 500g Weizenmehl
- 300ml lauwarmes Wasser
- 1 Päckchen Trockenhefe (7g)
- 1 Teelöffel Zucker
- 1 Teelöffel Salz
- 2 Esslöffel Sonnenblumenöl, plus mehr zum Frittieren
- Optional: Knoblauch, geriebener Käse nach Wahl, saure Sahne als Belag

ZUBEREITUNG

Mischen Sie in einer großen Schüssel das Mehl mit der Trockenhefe, dem Zucker und dem Salz.

Fügen Sie das lauwarme Wasser und 2 Esslöffel Sonnenblumenöl hinzu und kneten Sie den Teig, bis er glatt und elastisch ist. Der Teig sollte weich sein aber nicht an den Händen kleben. Fügen Sie bei Bedarf ein wenig mehr Mehl oder Wasser hinzu.

Decken Sie die Schüssel mit einem sauberen Tuch ab und lassen Sie den Teig an einem warmen Ort für etwa 1 Stunde gehen, bis er sein Volumen verdoppelt hat.

Heizen Sie eine tiefe Pfanne mit reichlich Sonnenblumenöl.

Teilen Sie den Teig in 8 gleich große Stücke. Rollen Sie jedes Stück auf einer leicht bemehlten Oberfläche aus oder ziehen Sie es mit den Händen in eine flache, runde Form.

Frittieren Sie die Lángos nacheinander im heißen Öl bis sie von beiden Seiten goldbraun sind. Legen Sie die Lángos nach dem Frittieren auf Küchenpapier um überschüssiges Öl aufzusaugen.

Servieren Sie die Lángos heiß, bestrichen mit Knoblauchwasser (optional), belegt mit saurer Sahne und geriebenem Käse oder anderen Belägen nach Wahl.

EUROPA

UNGARN
KIWI DIABLO MIT PÁLINKA

Pálinka ist ein wesentlicher Bestandteil der ungarischen Trinkkultur und wird sowohl pur als auch in Cocktails geschätzt. Dieser Cocktail zeigt die Vielfalt und Anpassungsfähigkeit der ungarischen Gastronomie an internationale Trends, indem er traditionelle Spirituosen mit exotischen Früchten kombiniert.

PERSONEN: 1
MINUTEN: 15

ZUTATEN

- 50ml Pálinka (idealerweise aus Aprikosen, um die Süße der Kiwi zu ergänzen - z. B. Arpad Aprikosen Palinka 60%)
- 1 reife Kiwi, geschält und püriert
- 20ml frischer Limettensaft
- 10ml Agavendicksaft oder einfacher Sirup
- Limonade mit Kohlensäute (z. B. Sprite oder 7 Up)
- Eiswürfel
- Eine geschälte Kiwischeibe zur Dekoration

ZUBEREITUNG

Füllen Sie einen Shaker zur Hälfte mit Eiswürfeln.

Geben Sie das Kiwipüree, Pálinka, Limettensaft und Agavendicksaft (oder einfachen Sirup) in den Shaker.

Schütteln Sie kräftig bis die Mischung gut gekühlt ist.

Seihen Sie den Cocktail durch ein feines Sieb in ein mit Eis gefülltes Glas um die Kiwisamen zu entfernen.

Füllen Sie das Glas mit wenig Limonade auf und rühren Sie vorsichtig um.

Garnieren Sie das Getränk mit einer geschälten Kiwischeibe.

Servieren Sie den Cocktail sofort und genießen Sie die erfrischende und leicht scharfe Kombination.

LOKALES BIER ALS ALTERNATIVE:
Arany Ászok

EUROPA

WALES
WELSH RAREBITS

Welsh Rarebits, traditionell bekannt als Welsh Rabbit (übersetzt: «walisisches Kaninchen»), ist ein herzhafter Snack der aus geschmolzenem Käse besteht welcher mit verschiedenen Zutaten angereichert und über geröstetes Brot gegossen wird. Trotz des Namens hat das Gericht nichts mit Kaninchen zu tun – es wird vermutet, dass der Name einfach nur als humorvolle Bezeichnung für das beliebte walisische Gericht entstand. Welsh Rarebit ist ein fester Bestandteil der walisischen Küche und wird oft als ultimatives Comfort Food (ein Gericht das man mit nostalgischem oder sentimentalem Wert in Verbindung bringt) angesehen.

PERSONEN 4 **MINUTEN** 20

ZUTATEN

- 8 Scheiben Baguette oder rustikales Brot
- 150g geriebener Cheddar-Käse
- 2 EL Bier (vorzugsweise ein walisisches Ale)
- 1 TL Senfpulver
- 1 TL Worcestershiresauce
- Ein paar Tropfen Tabasco (nach Geschmack)
- Frisch gemahlener schwarzer Pfeffer
- 1 Ei, leicht geschlagen

ZUBEREITUNG

Heizen Sie Ihren Grill vor.

In einer Schüssel den Cheddar-Käse mit Bier, Senfpulver, Worcestershiresauce, Tabasco und schwarzem Pfeffer vermischen. Rühren Sie das geschlagene Ei unter bis alles gut vermischt ist.

Bestreichen Sie jede Brotscheibe großzügig mit der Käsemischung.

Legen Sie die Brote auf ein Backblech und grillen Sie diese unter dem vorgeheizten Grill bis der Käse blubbert und goldbraun ist, etwa 5-7 Minuten.

Die Welsh Rarebits in kleinere Stücke schneiden und warm servieren.

EUROPA

WALES
WELSH DRAGON (WHISKY EDITION)

Der Welsh Dragon, benannt nach dem Drachen auf der walisischen Flagge, symbolisiert die Stärke und Kultur von Wales. Dieser Cocktail ist sehr beliebt wegen des walisischen Whiskys der für seinen markanten Geschmack und seine Qualität bekannt ist. Die Kombination mit Apfelsaft und Pfefferminzsirup ergibt einen erfrischenden und leicht süßen Drink der die walisische Liebe zur Natur widerspiegelt.

PERSONEN 1
MINUTEN 10

ZUTATEN

- 50ml walisischer Whisky (z. B. Penderyn Sherrywood Single Malt Whisky)
- 25ml Apfelsaft
- 10ml grüner Pfefferminzsirup
- Ein Spritzer Limettensaft
- Eiswürfel
- Minzblätter zur Dekoration

ZUBEREITUNG

Füllen Sie einen Shaker zur Hälfte mit Eiswürfeln.

Geben Sie den walisischen Whisky, Apfelsaft, grünen Pfefferminzsirup und Limettensaft in den Shaker.

Schütteln Sie den Shaker kräftig bis die Außenseite kalt ist.

Seihen Sie den Cocktail in ein gekühltes Glas über frische Eiswürfel ab.

Garnieren Sie das Getränk mit Minzblättern.

Servieren Sie den Cocktail sofort und genießen Sie die einzigartige Kombination walisischer Aromen.

LOKALES BIER ALS ALTERNATIVE:
Tiny Rebel 313

EUROPA

ARGENTINIEN

EMPENADAS ARGENTINAS

Empanadas sind ein fester Bestandteil der argentinischen Küche und repräsentieren die vielfältige kulinarische Tradition des Landes. Der Legende nach wurden sie von spanischen Einwanderern eingeführt. Sie wiederum sollen die Idee von den Mauren übernommen haben. Heute gibt es in Argentinien unzählige Varianten von denen jede Region ihre eigene Spezialität beansprucht.

PERSONEN 4
MINUTEN 60

ZUTATEN

- 500g Blätterteig oder Teig für Empanadas (fertig gekauft oder selbstgemacht)
- 300g Rinderhackfleisch
- 2 mittelgroße Zwiebeln, fein gewürfelt
- 2 hartgekochte Eier, gewürfelt
- 100g grüne Oliven, entkernt und gehackt
- 1 EL Paprikapulver
- 1 TL Kreuzkümmel
- 1/2 TL Chilipulver (optional, je nach gewünschter Schärfe)
- Salz und Pfeffer nach Geschmack
- 2 EL Olivenöl
- 1 Ei, geschlagen (zum Bestreichen)

ZUBEREITUNG

In einer Pfanne das Olivenöl erhitzen und die Zwiebeln darin glasig anbraten.

Das Rinderhackfleisch hinzufügen und braten bis es vollständig gekocht ist. Paprikapulver, Kreuzkümmel, Chilipulver, Salz und Pfeffer unterrühren.

Vom Herd nehmen und die gehackten Eier und Oliven unter das Fleisch mischen. Die Füllung abkühlen lassen.

Den Ofen auf 200°C vorheizen.

Den Teig ausrollen und Kreise von ca. 12-15 cm Durchmesser ausstechen.

Jeweils einen Esslöffel der Füllung in die Mitte eines jeden Teigkreises geben.

Die Ränder mit etwas Wasser befeuchten, den Teig über die Füllung klappen und die Ränder mit einer Gabel festdrücken.

Die Empanadas auf ein mit Backpapier ausgelegtes Backblech legen und mit dem geschlagenen Ei bestreichen.

Im vorgeheizten Ofen für ca. 20-25 Minuten goldbraun backen.

Mit einem kühlen Drink zusammen servieren und genießen!

SÜDAMERIKA

ARGENTINIEN
FERNET CON COCA

Fernet con Coca ist ein in Argentinien äußerst beliebtes Getränk, besonders in der Region Córdoba. Es symbolisiert die argentinische Vorliebe für bittere Aromen und ist ein fester Bestandteil sozialer Zusammenkünfte. Interessanterweise wurde Fernet ursprünglich als Magentonikum eingeführt, hat sich aber schnell zu einem nationalen Lieblingsgetränk entwickelt.

PERSONEN: 1
MINUTEN: 5

ZUTATEN

- 1 Teil Fernet
- 2 Teile Cola
- Eiswürfel

ZUBEREITUNG

Ein Glas mit Eiswürfeln füllen.

Den Fernet über das Eis gießen.

Mit Cola auffüllen und leicht umrühren.

LOKALES BIER ALS ALTERNATIVE:
Quilmes

SÜDAMERIKA

BOLIVIEN
SALTEÑAS

Salteñas sind eine Art Empanada die in Bolivien sehr beliebt sind und traditionell als Frühstück oder Snack gegessen werden. Sie sind bekannt für ihre leicht süßliche und gleichzeitig würzige Füllung sowie die saftige Konsistenz. Der Ursprung der Salteñas geht auf eine Familie zurück die im 19. Jahrhundert von Salta, Argentinien, nach Bolivien kam, daher der Name.

PERSONEN 4
MINUTEN 180

ZUTATEN

Für den Teig:
- 500g Mehl
- 100g Schmalz oder Butter
- 1 Ei
- 1 TL Salz
- Ca. 200ml warmes Wasser
- 1 TL Kurkuma

Für die Füllung:
- 300g Rinderhackfleisch
- 1 Zwiebel, fein gewürfelt
- 1 rote Paprika, fein gewürfelt
- 2 Knoblauchzehen, gehackt
- 1 TL Kreuzkümmel
- 1 TL Paprikapulver
- 100ml Rinderbrühe
- 2 hartgekochte Eier, gewürfelt
- 100g Erbsen
- 100g Kartoffeln, gewürfelt
- Salz und Pfeffer
- 1 TL Zucker

ZUBEREITUNG

Teig zubereiten: Mehl, Salz und Kurkuma in einer Schüssel mischen. Ei, geschmolzener Schmalz bzw. Butter reingeben und nach und nach warmes Wasser hinzufügen. Rühren und durchkneten bis ein geschmeidiger Teig entsteht. Den Teig abdecken und 1 Stunde ruhen lassen.

Füllung vorbereiten: In einer Pfanne das Hackfleisch mit Zwiebeln, Knoblauch und Paprika anbraten. Kreuzkümmel, Paprikapulver, Salz und Pfeffer hinzufügen. Mit Rinderbrühe ablöschen und köcheln lassen bis die Flüssigkeit reduziert ist. Kartoffeln, Erbsen, und die hartgekochten Eier hinzufügen. Abkühlen lassen.

Salteñas formen: Den Teig ausrollen und Kreise ausstechen. Etwas Füllung auf jeden Teigkreis geben, den Rand mit Wasser befeuchten, zusammenklappen und die Ränder sorgfältig verschließen um die typische Salteña-Form zu erhalten.

Bei 200°C ca. 30-40 Minuten backen bis sie goldbraun sind.

Nach dem Ofen kurz abkühlen lassen und dann servieren.

SÜDAMERIKA

BOLIVIEN
CHUFLAY

Chuflay ist ein traditioneller bolivianischer Cocktail der mit Singani zubereitet wird, einem Destillat aus weißen Muskattrauben, welches in den Hochländern von Bolivien angebaut wird. Singani hat eine lange Geschichte die über 400 Jahre zurückreicht und ist ein fester Bestandteil der bolivianischen Kultur. Der Chuflay ist für seine Einfachheit und Erfrischung bekannt und ein beliebter Drink bei verschiedenen Anlässen.

PERSONEN: 1
MINUTEN: 10

ZUTATEN

- 50ml Singani (z. B. Los Parrales Singani Reserva Aniversario Bolivien)
- Sprudelwasser zum Auffüllen
- 1-2 TL Limettensaft
- Eiswürfel
- Eine Limettenscheibe zur Dekoration

ZUBEREITUNG

Füllen Sie ein hohes Glas bis zur Hälfte mit Eiswürfeln.

Gießen Sie den Singani und Limettensaft über das Eis.

Füllen Sie das Glas mit Sprudelwasser auf und rühren Sie leicht um.

Garnieren Sie das Getränk mit einer Limettenscheibe.

Sofort servieren.

LOKALES BIER ALS ALTERNATIVE:
Paceña

SÜDAMERIKA

BRASILIEN

COXINHAS

Coxinhas sind ein beliebter brasilianischer Snack der ursprünglich aus São Paulo stammt. Der Name bedeutet „kleine Oberschenkel", was auf die Form der Snacks anspielt, die Hühnerkeulen nachempfunden sind. Coxinhas entstanden im 19. Jahrhundert und waren ein Weg, um die Reste vom Vortag kreativ zu nutzen.

PERSONEN 4
MINUTEN 90

ZUTATEN

Für den Teig:
- 500ml Hühnerbrühe
- 2 Esslöffel Butter
- 500g Weizenmehl

Für die Füllung:
- 1 Esslöffel Öl
- 1 kleine Zwiebel, fein gehackt
- 2 Knoblauchzehen, fein gehackt
- 300g gekochtes und zerkleinertes Hühnerfleisch
- Salz und Pfeffer
- 2 Esslöffel Tomatenmark
- Ein wenig gehackte Petersilie

Zum Panieren und Frittieren:
- 2 Eier, geschlagen
- 200g Semmelbrösel
- Öl zum Frittieren

ZUBEREITUNG

Teig zubereiten: Bringen Sie die Hühnerbrühe zum Kochen, fügen Sie die Butter hinzu und schalten Sie die Hitze niedrig. Fügen Sie langsam das Mehl hinzu und rühren Sie stetig bis der Teig sich vom Topfboden löst. Lassen Sie den Teig abkühlen.

Füllung vorbereiten: In einer Pfanne das Öl erhitzen, Zwiebel und Knoblauch anschwitzen. Das Hühnerfleisch, Salz, Pfeffer, Tomatenmark und Petersilie hinzufügen. Alles gut vermischen und vom Herd nehmen.

Coxinhas formen: Nehmen Sie einen kleinen Teil des Teigs, formen Sie eine Kugel, drücken Sie eine Mulde hinein und füllen Sie diese mit der Hühnermischung. Formen Sie die Kugel so, dass sie einer Hühnerkeule ähnelt.

Panieren: Tauchen Sie die Coxinhas erst in geschlagene Eier und dann in Semmelbrösel.

Frittieren: Die Coxinhas in heißem Öl goldbraun und knusprig frittieren. Auf Küchenpapier abtropfen lassen.

Servieren: Warm als Snack servieren. Dazu passt gut eine Cocktailsauce und Salat nach Wahl.

SÜDAMERIKA

BRASILIEN
🇧🇷 CAIPIRINHA

Caipirinha ist Brasiliens Nationalcocktail und weltweit für den erfrischenden Geschmack bekannt. Die Ursprünge des Getränks sind umstritten, aber es wird angenommen, dass es im frühen 20. Jahrhundert in São Paulo entstand. Ursprünglich wurde es als Volksmedizin gegen die Grippe verwendet, mit Limette als Vitamin C-Quelle, Knoblauch und Honig. Mit der Zeit wurde der Knoblauch weggelassen und Zucker hinzugefügt. So entstand die moderne Form des heutigen Caipirinhas.

PERSONEN: 1
MINUTEN: 10

ZUTATEN

- 1 Limette, in Achtel geschnitten
- 2 Teelöffel brauner Zucker
- 60ml Cachaça (brasilianischer Zuckerrohrschnaps)
- Eiswürfel (falls vorhanden: Crushed Ice)

ZUBEREITUNG

Geben Sie die Limettenstücke und den Zucker in ein Glas und muddeln (zerdrücken) Sie beides mit einem Stößel um den Limettensaft freizusetzen und den Zucker teilweise aufzulösen.

Füllen Sie das Glas bis zum Rand mit Eiswürfeln bzw. Crushed Ice.

Gießen Sie den Cachaça über das Eis.

Rühren Sie den Drink um, sodass sich Limettensaft, Zucker und Cachaça gut vermischen.

Sofort servieren.

LOKALES BIER ALS ALTERNATIVE:
Brahma

SÜDAMERIKA

CHILE
SOPAIPILLAS PASADAS

«Sopaipillas Pasadas» sind eigentlich ein traditionelles Wintergericht in Chile. Ursprünglich wurden die Sopaipillas ohne Sirup als Beilage oder Snack serviert, insbesondere an regnerischen Tagen. Die Variante «Pasadas» mit dem süßen Sirup wurde als Dessert oder süßer Snack beliebt. Die Kombination aus dem nussigen Kürbisgeschmack der Sopaipillas und dem reichhaltigen, würzigen Sirup bietet ein wärmendes Geschmackserlebnis welches typisch für die chilenische Küche ist.

PERSONEN: 4
MINUTEN: 50

ZUTATEN

Für die Sopaipillas:
- 250g Kürbispüree (vorgegart)
- 500g Mehl
- 1 TL Salz
- 2 TL Backpulver
- 50g geschmolzene Butter oder Schmalz
- Wasser, nach Bedarf

Für den „Paso" (Sirup):
- 500ml Wasser
- 250g brauner Zucker
- 1 Stange Zimt
- 2 Nelken
- Schale einer Orange

ZUBEREITUNG

Sopaipillas zubereiten: In einer großen Schüssel das Kürbispüree, Mehl, Salz, Backpulver und die geschmolzene Butter vermischen. Nach und nach Wasser hinzufügen bis ein geschmeidiger nicht klebriger Teig entsteht. Den Teig ca. 20 Minuten ruhen lassen.

Den Teig auf einer bemehlten Fläche ausrollen (ca. 5mm dick) und in kleine Rauten oder Kreise schneiden.

In einer tiefen Pfanne das Öl erhitzen und die Sopaipillas portionsweise goldbraun und knusprig ausbacken. Auf Küchenpapier abtropfen lassen.

Sirup zubereiten („Paso"): In einem Topf Wasser den braunen Zucker, Zimtstange, Nelken und Orangenschale zum Kochen bringen. Den Sirup ca. 10 Minuten köcheln lassen bis er leicht eindickt.

Die gebackenen Sopaipillas in den warmen Sirup eintauchen und einige Minuten ziehen lassen damit sie den Sirup aufsaugen.

Die Sopaipillas Pasadas auf einem Teller servieren und warm genießen.

SÜDAMERIKA

CHILE
PISCO SOUR

Pisco Sour ist ein ikonischer Cocktail in Südamerika, besonders beliebt in Chile und Peru, wobei beide Länder den Drink als Teil ihres kulturellen Erbes beanspruchen. Der Ursprung des Cocktails ist umstritten aber es wird allgemein angenommen, dass er in den frühen 1920er Jahren in Peru von einem Amerikaner erfunden wurde. Die chilenische Version unterscheidet sich leicht in der Zubereitung und im Geschmacksprofil, hauptsächlich durch die Verwendung des chilenischen Piscos, der sich in der Traubensorte und den Herstellungsmethoden unterscheidet.

PERSONEN: 1
MINUTEN: 15

ZUTATEN

- 60ml chilenischer Pisco (z. B. Pisco Capel)
- 30ml frischer Limettensaft
- 20ml Zuckersirup (oder alternativ einfach Zucker und Wasser in gleichen Mengen aufkochen)
- 1 Eiweiß
- Eiswürfel
- Ein paar Tropfen Angosturabitter

ZUBEREITUNG

Alle Zutaten außer dem Bitter in einen Shaker geben.

Zuerst ohne Eis kräftig schütteln (Dry Shake) um das Eiweiß aufzuschäumen.

Eis hinzufügen und erneut kräftig schütteln bis der Shaker kalt ist.
Durch ein Sieb in ein gekühltes Glas gießen.

Ein paar Tropfen Angosturabitter dazugeben und genießen.

LOKALES BIER ALS ALTERNATIVE:
Kunstmann Lager

SÜDAMERIKA

ECUADOR
BOLÓN DE VERDE

Der Bolón de Verde ist ein traditioneller Snack aus Ecuador, besonders beliebt an der Küste. Er wird aus grünen Plantains (Kochbananen) hergestellt und oft mit Käse und Schweinefleisch gefüllt. Bolónes können auch als Beilage zu anderen Gerichten serviert werden. Dieser Snack ist ein perfektes Beispiel für die kreative Verwendung von Kochbananen in der ecuadorianischen Küche und zeigt die kulinarische Vielfalt des Landes.

PERSONEN: 4
MINUTEN: 50

ZUTATEN

- 4 reife grüne Plantains (Kochbananen)
- 1 Tasse geriebener Käse (vorzugsweise ein salziger Käse wie Queso Fresco)
- 250g Schweinehack
- Salz nach Geschmack
- 2 EL Butter oder Pflanzenöl
- Optional: Gehackter Koriander oder Frühlingszwiebeln für zusätzliches Aroma

ZUBEREITUNG

Schälen Sie die Plantains und kochen Sie diese in Salzwasser bis sie weich sind (ca. 20 Minuten).

Zerdrücken Sie die gekochten Plantains mit einer Gabel oder einem Kartoffelstampfer bis ein gleichmäßiger Teig entsteht. Fügen Sie die Butter oder das Öl hinzu und mischen Sie gut.

Arbeiten Sie den geriebenen Käse und das Schweinehack in die Plantain-Masse ein. Wenn Sie möchten, können Sie auch etwas gehackten Koriander oder Frühlingszwiebeln für zusätzliches Aroma hinzufügen.

Formen Sie aus der Masse große Bälle (Bolónes).

Erhitzen Sie eine Pfanne mit etwas Öl und braten Sie die Bolónes von allen Seiten an bis sie eine goldbraune Kruste haben.

Servieren Sie die Bolónes heiß als köstlichen Snack.

SÜDAMERIKA

ECUADOR
CANELAZO

Canelazo ist ein traditionelles Heißgetränk aus den Andenregionen Ecuadors. Es ist bekannt für seine wärmenden Eigenschaften und wird oft bei Festen und Feiern im Freien serviert. Der Hauptbestandteil, Aguardiente, verleiht dem Getränk einen kräftigen Kick, während Zimt und Zucker für eine süße und würzige Note sorgen. Canelazo spiegelt die herzliche Gastfreundschaft und die Freude am Teilen mit Familie und Freunden in der Andenkultur Ecuadors wider.

PERSONEN: 1
MINUTEN: 10

ZUTATEN

- 60ml Aguardiente (z. B. Zhumir Aguardiente de mi Tierra)
- 200ml Wasser
- 2 EL brauner Zucker
- 1 Zimtstange
- Ein paar Tropfen frischer Limettensaft
- Eine Scheibe Orangen- oder Limettenschale zur Dekoration

ZUBEREITUNG

Erhitzen Sie das Wasser in einem Topf zusammen mit der Zimtstange und dem braunen Zucker bis sich der Zucker vollständig aufgelöst hat.

Fügen Sie den Aguardiente hinzu und lassen Sie das Ganze kurz aufkochen.

Nehmen Sie den Topf vom Herd und fügen Sie ein paar Tropfen frischen Limettensaft hinzu.

Servieren Sie den Canelazo heiß in einem hitzebeständigen Glas oder Becher.

Garnieren Sie das Getränk mit einer Scheibe Orangen- oder Limettenschale.

LOKALES BIER ALS ALTERNATIVE:
Cerveza Pilsener

SÜDAMERIKA

KOLUMBIEN
AREPAS MIT KÄSEFÜLLUNG

Arepas sind ein grundlegendes Nahrungsmittel in der kolumbianischen Küche und werden zu jeder Tageszeit gegessen. Sie variieren regional in Zutaten und Zubereitung. Arepas mit Käsefüllung sind besonders beliebt und bieten eine köstliche Kombination aus knusprigem Äußeren und schmelzendem, herzhaftem Inneren. Sie sind ein perfekter Snack für Fußballabende und spiegeln die Gastfreundschaft und Wärme der kolumbianischen Kultur wider.

PERSONEN 4
MINUTEN 35

ZUTATEN

- 2 Tassen vorgekochtes weißes Maismehl
- 2 1/2 Tassen warmes Wasser
- 1 Teelöffel Salz
- 1 Esslöffel Butter (geschmolzen)
- 1 Tasse geriebener Mozzarella oder ein anderer schmelzender Käse
- Butter oder Öl zum Braten

ZUBEREITUNG

In einer großen Schüssel das Maismehl mit dem Salz vermischen. Das warme Wasser langsam hinzufügen und mit den Händen kneten bis ein geschmeidiger Teig entsteht. Den geschmolzenen Butter einarbeiten.

Teilen Sie den Teig in 8 gleich große Portionen und formen Sie jede Portion zu einer Kugel. Drücken Sie die Kugeln dann flach um kleine Scheiben (Arepas) zu formen.

Legen Sie in die Mitte jeder Arepa etwas geriebenen Käse und klappen Sie den Teig über den Käse, sodass der Käse vollständig umschlossen ist. Drücken Sie die Arepas wieder flach.

Erhitzen Sie eine Pfanne bei mittlerer Hitze und fügen Sie etwas Butter oder Öl hinzu. Braten Sie die Arepas von beiden Seiten goldbraun und knusprig.

Die Arepas sind fertig, wenn sie eine goldene Kruste haben und der Käse innen geschmolzen ist.

SÜDAMERIKA

KOLUMBIEN
LULO-COCKTAIL

Der Lulo-Cocktail ist ein erfrischender und einzigartiger Drink der den Geschmack Kolumbiens einfängt. Lulo, auch als Naranjilla bekannt, ist eine in Südamerika beheimatete Frucht, die für ihren einzigartigen, säuerlich-süßen Geschmack geschätzt wird. Dieser Cocktail kombiniert die exotischen Aromen des Lulosafts mit dem kräftigen Rum und der Säure der Limette zu einem perfekt ausgewogenen Getränk. Es ist ein hervorragendes Beispiel für die vielfältige und farbenfrohe kolumbianische Küche und bietet einen erfrischenden Genuss, der ideal für Fußballabende und gesellige Zusammenkünfte ist.

PERSONEN: 1
MINUTEN: 10

ZUTATEN

- 60ml weißer Rum nach Wahl
- 90ml Lulosaft (Naranjilla-Saft falls verfügbar - Alternativ kann man auch Sanddorn- oder Mangosaft nehmen)
- 30ml Limettensaft
- 15ml Zuckersirup (oder alternativ einfach Zucker und Wasser in gleichen Mengen aufkochen)
- Eiswürfel
- Eine Scheibe Limette zur Dekoration

ZUBEREITUNG

Füllen Sie einen Shaker mit Eiswürfeln.

Geben Sie den weißen Rum, Lulosaft (bzw. Sanddorn- oder Mangosaft), Limettensaft und Zuckersirup in den Shaker.

Schütteln Sie den Mix kräftig bis er gut gekühlt ist.

Seihen Sie den Drink durch ein feines Sieb in ein gekühltes Glas über Eis.

Garnieren Sie den Cocktail mit einer Scheibe Limette.

LOKALES BIER ALS ALTERNATIVE:
Águila

SÜDAMERIKA

PARAGUAY
SOPA PARAGUAYA

Sopa Paraguaya, was wörtlich «paraguayische Suppe» bedeutet, ist paradoxerweise kein flüssiges Gericht, sondern ein herzhafter Maiskuchen. Es wird gesagt, dass der Name aus einem Fehler entstand als ein Koch des paraguayischen Präsidenten Carlos Antonio López versuchte eine traditionelle Polenta zu machen aber versehentlich zu viel Maismehl hinzufügte, was zu einem festen Kuchen führte. Trotz des Missgeschicks wurde das Ergebnis so gut aufgenommen, dass es ein fester Bestandteil der paraguayischen Küche wurde.

PERSONEN: 4
MINUTEN: 65

ZUTATEN

- 2 Tassen Maismehl
- 1 Tasse Milch
- 2 Eier
- 1/2 Tasse geschmolzene Butter
- 1 Tasse geriebener Käse (vorzugsweise ein Mix aus Mozzarella und Parmesan zu gleichen Teilen)
- 1 große Zwiebel, fein gehackt
- 2 Jalapeños (optional), entkernt und fein gehackt
- 1 Teelöffel Salz
- 1/2 Teelöffel schwarzer Pfeffer

ZUBEREITUNG

Den Ofen auf 180°C vorheizen und eine mittelgroße Backform einfetten.

In einer großen Schüssel das Maismehl, Salz und Pfeffer mischen.

Milch, Eier und geschmolzene Butter in einer separaten Schüssel verquirlen und dann zu der Maismehlmischung geben. Kräftig umrühren bis alles gut vermischt ist.

Zwiebel, Jalapeños (falls verwendet) und geriebenen Käse unterrühren bis eine homogene Masse entsteht.

Die Mischung in die vorbereitete Backform geben und glatt streichen.

Im vorgeheizten Ofen für etwa 45 Minuten backen bzw. bis die Oberfläche goldig und der Kuchen fest ist.

Vor dem Servieren leicht abkühlen lassen und in Quadrate oder Rechtecke schneiden.

SÜDAMERIKA

PARAGUAY
TERERÉ PARAGUAYA COCKTAIL

Der Fortin Guarani ist ein beliebter paraguayischer Rum. Er hat eine lange Tradition in Paraguay und wird sowohl pur als auch in Cocktails genossen. Die Kombination mit Yerba Mate in diesem Cocktail verbindet zwei wesentliche Elemente der paraguayischen Trinkkultur zu einem erfrischenden und belebenden Getränk, das perfekt für gesellige Anlässe oder zum Genießen eines Fußballspiels geeignet ist.

PERSONEN: 1
MINUTEN: 15

ZUTATEN

- 50ml Rum aus Paraguay (z. B. Fortin Guarani)
- 100ml Wasser
- 1 Esslöffel Yerba Mate Tee (z. B. Pajarito Tradicional oder Selecta Yerba Mate Tee - Falls nicht verfügbar, ein Tee nach Vorliebe nehmen)
- Frische Minze
- Eiswürfel
- Limettensaft (nach Geschmack)
- 1 Teelöffel Zucker (optional)

ZUBEREITUNG

Bereiten Sie zunächst einen starken Yerba Mate Teeaufguss vor, indem Sie 100 ml kochendes Wasser über 1 Esslöffel Yerba Mate gießen.

Lassen Sie es etwa 5 Minuten ziehen, dann kühlen Sie es schnell ab indem Sie es in den Kühlschrank stellen oder über Eis gießen.

Füllen Sie einen Shaker mit Eiswürfeln, frischen Minzblättern, dem Yerba Mate-Aufguss, Limettensaft nach Geschmack und Zucker, falls gewünscht.

Gießen Sie den Rum hinzu.

Rühren oder schütteln Sie den Cocktail gut durch um alle Zutaten zu vermischen und zu kühlen.

Seihen Sie den Cocktail in ein Glas voller Eiswürfel ab.

Garnieren Sie mit einem Zweig frischer Minze.

LOKALES BIER ALS ALTERNATIVE:
Pilsen

SÜDAMERIKA

PERU

CEVICHE DE PESCADO

Ceviche ist ein berühmtes Gericht der peruanischen Küche und gilt als Nationalgericht. Die Ursprünge reichen Tausende von Jahren zurück, mit Einflüssen der präkolumbianischen und spanischen Küche. Es symbolisiert die Verschmelzung verschiedener Kulturen und spiegelt die reiche biologische Vielfalt Perus wider, von den Fischen im Pazifischen Ozean bis zu den einzigartigen Chilis der Anden.

PERSONEN: 4
MINUTEN: 40

ZUTATEN

- 500g frischer, fester weißer Fisch (z. B. Seebarsch), in kleine Würfel geschnitten
- Saft von 10-12 Limetten
- 1 rote Zwiebel, dünn geschnitten
- 1-2 gelbe Chilis, entkernt und fein gehackt
- Salz und schwarzer Pfeffer nach Geschmack
- Frischer Koriander, grob gehackt
- Optional: Süßkartoffeln und Maiskolben als Beilage

ZUBEREITUNG

Den Fisch in eine große Schüssel geben und mit Salz und Pfeffer würzen.

Den Limettensaft über den Fisch gießen sodass er vollständig bedeckt ist. Die Säure des Limettensafts „kocht" den Fisch.

Die rote Zwiebel, gelbe Chili und frischen Koriander hinzufügen. Alles vorsichtig vermischen.

Die Schüssel abdecken und den Ceviche im Kühlschrank 15-30 Minuten marinieren lassen, je nachdem, wie durchgegart Sie den Fisch mögen.

Währenddessen die Süßkartoffeln kochen und in Scheiben schneiden sowie den Mais kochen, falls diese als Beilage dienen.

Den Ceviche kalt servieren, garniert mit zusätzlichem Koriander und Beilagen.

SÜDAMERIKA

PERU
PISCO CHILCANO

Der Pisco Chilcano kann als eine Art peruanischer Longdrink betrachtet werden der sich durch seine Einfachheit und Erfrischung auszeichnet. Ursprünglich wurde der Chilcano von italienischen Einwanderern in Peru eingeführt, die eine lokale Variante des italienischen Grappa in Kombination mit Limettensaft und Ginger Ale kreierten. Mit der Zeit wurde der Grappa durch Pisco ersetzt und der Chilcano wurde zu einem festen Bestandteil der peruanischen Cocktailkultur. Er ist besonders beliebt während der Sommermonate und wird oft als Alternative zum Pisco Sour angeboten da er leichter und weniger süß ist.

PERSONEN: 1
MINUTEN: 10

ZUTATEN

- 60ml Pisco (z. B. Barsol Pisco Acholado)
- Saft von 1/2 Limette
- Ginger Ale (ca. 120ml oder nach Geschmack)
- 1-2 Eiswürfel
- 1 Scheibe Limette zur Dekoration

ZUBEREITUNG

Füllen Sie ein Glas mit den Eiswürfeln.

Geben Sie den Pisco über das Eis.

Fügen Sie den frisch gepressten Limettensaft hinzu.

Füllen Sie das Glas mit Ginger Ale auf und rühren Sie vorsichtig um.

Garnieren Sie das Getränk mit einer Scheibe Limette.

LOKALES BIER ALS ALTERNATIVE:
Cusqueña

SÜDAMERIKA

URUGUAY
CHIVITO URUGUAYO

Der Chivito Uruguayo ist ein klassisches uruguayisches Sandwich und gilt als Nationalgericht. Es wurde in den 1940er Jahren erfunden, als eine Kundin in einem Restaurant in Punta del Este ein Sandwich mit Lammfleisch („chivito" auf Spanisch) bestellte. Da kein Lammfleisch verfügbar war, kreierte der Besitzer eine Alternative mit Rindfleisch, die sofort zum Hit wurde. Heute ist der Chivito in ganz Uruguay in zahlreichen Variationen zu finden und ein Muss für jeden Besucher.

PERSONEN 4
MINUTEN 35

ZUTATEN

- 4 kleine dünne Rindersteak-Scheiben
- 4 Scheiben Schinken
- 4 Scheiben Mozzarella
- 4 Eier
- 4 kleine Brötchen, Baguetteabschnitte oder Hamburgerbrötchen
- Salatblätter
- Tomatenscheiben
- Mayonnaise
- Optional: eingelegte Gurken, rote Zwiebelringe
- Salz und Pfeffer nach Geschmack
- Öl zum Braten

ZUBEREITUNG

Salzen und pfeffern Sie die Rindersteak-Scheiben. Erhitzen Sie etwas Öl in einer Pfanne und braten Sie die Steaks kurz von beiden Seiten an. Legen Sie die Rindersteak-Scheiben beiseite.

In derselben Pfanne braten Sie die Eier als Spiegeleier.

Toasten Sie die Brötchen leicht und bestreichen Sie jede Hälfte mit Mayonnaise.

Bauen Sie die Chivitos zusammen, indem Sie auf die untere Brötchenhälfte zuerst Salatblätter, dann Tomatenscheiben, das Steak, eine Scheibe Schinken, eine Scheibe Mozzarella und oben drauf ein Spiegelei legen. Fügen Sie optional Gurken und rote Zwiebelringe hinzu.

Decken Sie die Chivitos mit der oberen Brötchenhälfte ab und servieren Sie sie sofort.

SÜDAMERIKA

URUGUAY
CLERICÓ

Clericó ist ein beliebtes Getränk in Uruguay während der Sommermonate und eine lokale Variante des Sangrias. Clericó kombiniert die Leichtigkeit des weißen Weins mit der Süße frischer Früchte und einem Hauch von Sprudelwasser um ein erfrischendes und fruchtiges Getränk zu kreieren. Clericó wird oft bei Feiern und geselligen Zusammenkünften genossen und eignet sich perfekt für ein Fußballspiel.

PERSONEN: 1
MINUTEN: 15

ZUTATEN

- 60ml weißer Wein (vorzugsweise ein uruguayischer Sauvignon Blanc oder Chardonnay - z. B. Pedregal Sauvignon Blanc - Antigua Bodega)
- 30ml Cointreau oder ein anderer Orangenlikör
- Verschiedene frische Früchte, gewürfelt (z. B. Äpfel, Orangen, Trauben, Erdbeeren)
- Ein Spritzer Zitronen- oder Limettensaft
- Eiswürfel

ZUBEREITUNG

Füllen Sie ein großes Weinglas oder einen Krug zur Hälfte mit Eiswürfeln.

Geben Sie die gewürfelten Früchte ins Glas.

Gießen Sie den Weißwein und den Orangenlikör darüber.

Fügen Sie einen Spritzer Zitronen- oder Limettensaft hinzu.

Füllen Sie das Glas mit Sprudelwasser auf und rühren Sie vorsichtig um.

Genießen Sie den Clericó sofort, garniert mit einer zusätzlichen Fruchtscheibe am Glasrand.

LOKALES BIER ALS ALTERNATIVE:
Patricia

SÜDAMERIKA

COSTA RICA
CHIFRIJO

Chifrijo ist ein relativ modernes Gericht in der costaricanischen Küche welches in den 1990er Jahren entstanden ist. Der Name setzt sich zusammen aus «chicharrones» (Schweinekrusten) und «frijoles» (Bohnen). Es wurde schnell populär und ist heute in vielen Bars und Restaurants als typische «boca» (kleiner Snack) zu finden, welches oft zu einem kühlen Getränk dazu serviert wird.

PERSONEN 4
MINUTEN 60

ZUTATEN

- 2 Tassen gekochte rote Bohnen (mit Brühe)
- 500g Schweinefleisch, in kleine Würfel geschnitten
- 1 große Zwiebel, fein gewürfelt
- 2 Knoblauchzehen, fein gehackt
- 1 Tasse Reis, gekocht
- Frischer Koriander, gehackt
- Limettensaft nach Geschmack
- Salz und Pfeffer nach Geschmack
- Pico de Gallo (typische Salsa) bestehend aus gehackten Tomaten, Zwiebeln, Koriander, Limettensaft, Salz und Olivenöl (Mengen je nach Vorliebe wählen)
- Tortillachips und eine geschnittene Avocado als Beilage

ZUBEREITUNG

Für das Pico de Gallo mischen Sie die gehackten Tomaten, Zwiebeln, Koriander, ein paar Spritzer Limettensaft und etwas Salz sowie Olivenöl untereinander. Danach beiseite legen.

Beginnen Sie mit dem Braten des Schweinefleisches in einer tiefen Pfanne bis es gut durchgebraten ist. Entfernen Sie das Fleisch und legen Sie es ebenfalls beiseite.

In derselben Pfanne die Zwiebel und den Knoblauch anbraten bis sie weich sind. Fügen Sie die gekochten Bohnen mit etwas Brühe hinzu und lassen Sie diese einige Minuten köcheln bis die Mischung eindickt.

Mit Salz und Pfeffer würzen.

Richten Sie den gekochten Reis in einer Schüssel oder einem tiefen Teller an. Geben Sie daneben eine Portion der Bohnenmischung dazu, gefolgt von einer Portion des gebratenen Schweinefleischs.

Garnieren Sie das Gericht mit dem Pico de Gallo und frischem Koriander. Beträufeln Sie es mit Limettensaft nach Geschmack.

Servieren Sie das Chifrijo mit Tortillachips und Avocadoschnitten als Beilage.

NORD- UND MITTELAMERIKA

COSTA RICA
TICO MULE

Der Tico Mule ist eine costaricanische Variante des klassischen Moscow Mule, wobei der traditionelle Wodka mit Cacique Guaro, einem beliebten costaricanischen Zuckerrohrschnaps, ersetzt wird. Dieser Drink vereint die erfrischende Schärfe des Ginger Beers mit der süßlichen Säure der Limette und dem einzigartigen Geschmack des Guaros, was ihn zu einer hervorragenden Wahl für gesellige Anlässe macht.

PERSONEN: 1
MINUTEN: 10

ZUTATEN

- 60ml Cacique Guaro (alternativ geht auch ein weißer Rum aus Costa Rica wie z. B. den Ron Jaguar Edicion Malacrianza 65%)
- 120ml Ginger Beer
- Saft von 1/2 Limette
- Eiswürfel
- Eine Limettenscheibe oder Minzzweig zur Dekoration

ZUBEREITUNG

Füllen Sie ein kupfernen Mule-Becher oder ein hohes Glas zur Hälfte mit Eiswürfeln.

Gießen Sie den Cacique Guaro (oder den weißen Rum) und den Limettensaft darüber.

Füllen Sie das Glas mit Ginger Beer auf und rühren Sie vorsichtig um.

Garnieren Sie den Drink mit einer Limettenscheibe oder einem Minzzweig.

Sofort servieren.

LOKALES BIER ALS ALTERNATIVE:
Imperial

NORD- UND MITTELAMERIKA

HONDURAS
BALEADAS

Die Baleada ist eines der beliebtesten Gerichte in Honduras und stammt ursprünglich aus der nördlichen Küstenstadt La Ceiba. Es gibt viele Legenden über den Ursprung ihres Namens, eine besagt, dass sie nach einer Frau benannt wurde die in der Nähe eines Marktes Baleadas verkaufte und leider angeschossen („baleada") wurde.

PERSONEN: 4
MINUTEN: 30

ZUTATEN

Für den Teig:
- 2 Tassen Weizenmehl
- 1/2 Teelöffel Salz
- 1/2 Teelöffel Backpulver
- 1/4 Tasse Wasser
- 2 Esslöffel Pflanzenöl

Für die Füllung:
- 1 Dose Refried Beans (gekochte und zerdrückte Bohnen)
- 1 Tasse geriebener Käse (vorzugsweise Queso Fresco oder ein anderer milder Weißkäse)
- 1 Avocado, in Scheiben geschnitten
- Optional: Sauerrahm und scharfe Sauce nach Geschmack

ZUBEREITUNG

Für den Teig Mehl, Salz und Backpulver in einer Schüssel vermischen. Wasser und Öl hinzufügen und zu einem geschmeidigen Teig verkneten. Bei Bedarf etwas mehr Wasser hinzufügen. Den Teig 10 Minuten ruhen lassen.

Den Teig in 8 gleich große Stücke teilen und zu dünnen, runden Tortillas ausrollen.

Eine Pfanne bei mittlerer Hitze erwärmen und die Tortillas nacheinander ohne Öl von beiden Seiten goldbraun backen. Warm halten.

Die Refried Beans in einer separaten Pfanne erhitzen.

Jede Tortilla mit einer Schicht Refried Beans bestreichen, mit Käse, Avocadoscheiben und optional mit Sauerrahm und scharfer Sauce belegen.

Die Baleadas zusammenklappen und sofort servieren.

NORD- UND MITTELAMERIKA

HONDURAS
PONCHE DE PIÑA

Der Ponche de Piña ist Teil der reichen kulinarischen Tradition Hondurass und spiegelt die Vorliebe für tropische Früchte und Aromen wider. Ursprünglich als festliches Getränk gedacht, hat sich der Ponche de Piña zu einem beliebten Erfrischungsgetränk entwickelt, das vorzugsweise im Sommer genossen wird. Seine Zubereitung und Präsentation variieren von Familie zu Familie, wobei jede ihre eigene besondere Note hinzufügt.

PERSONEN: 1
MINUTEN: 15

ZUTATEN

- 120 ml frischer Ananassaft
- 60 ml Kokosmilch
- 30 ml honduranischer Rum (z. B. Cihuatan Legacy Blend)
- 1 EL Honig
- Eiswürfel

ZUBEREITUNG

In einem Mixer den frischen Ananassaft, Kokosmilch, Rum und Honig zusammen mit einigen Eiswürfeln geben.

Alles gut mixen.

Den Ponche de Piña in ein großes Glas gießen und bei Bedarf mit mehr Eis auffüllen.

Mit einer Ananasscheibe garnieren.

LOKALES BIER ALS ALTERNATIVE:
Salva Vida

NORD- UND MITTELAMERIKA

JAMAIKA
JAMAIKANISCHE PATTIES

Jamaikanische Patties sind ein ikonischer Snack der auf der ganzen Insel und weltweit in der jamaikanischen Kultur beliebt ist. Ursprünglich inspiriert von den «Cornish Pasties» (britische Version der Fleischpastete), haben sie sich zu einem echten Symbol der jamaikanischen Küche entwickelt, bekannt für ihre kräftigen Gewürze und die charakteristische gelbe Farbe des Teigs.

PERSONEN: 4
MINUTEN: 55

ZUTATEN

Für den Teig:
- 450g Mehl
- 1/2 TL Salz
- 1/2 TL Kurkuma
- 225g kalte Butter, gewürfelt
- Ca. 120ml eiskaltes Wasser

Für die Füllung:
- 2 EL Pflanzenöl
- 1 kleine Zwiebel, fein gewürfelt
- 2 Knoblauchzehen, fein gehackt
- 500g Rinderhackfleisch
- 1 TL Currypulver
- 1 TL Thymian, getrocknet
- 1/2 TL Chilipulver
- 1/2 TL Salz
- 1/2 TL schwarzer Pfeffer
- 100ml Rinderbrühe
- 1 EL Brotkrumen

ZUBEREITUNG

Teig: Mehl, Salz und Kurkuma in einer Schüssel mischen. Kalte Butter hinzufügen und mit den Händen oder einem Mixer zu einer krümeligen Masse verarbeiten. Nach und nach eiskaltes Wasser hinzufügen bis ein geschmeidiger Teig entsteht. Teig in Frischhaltefolie wickeln und für mindestens 30 Minuten kühlen.

Füllung: Öl in einer Pfanne erhitzen und Zwiebel sowie Knoblauch glasig dünsten. Hackfleisch, Currypulver, Thymian und Chilipulver hinzufügen. Mit Salz und Pfeffer würzen. Brühe dazugeben und ca. 10 Minuten köcheln lassen bis die Flüssigkeit reduziert ist. Brotkrumen unterrühren und abkühlen lassen.

Ofen auf 200°C vorheizen.

Teig ausrollen und Kreise (ca. 15cm Durchmesser) ausstechen. Auf jede Teigrunde etwas Füllung geben, zusammenklappen und die Ränder mit einer Gabel festdrücken.

Patties auf ein mit Backpapier ausgelegtes Backblech legen und 20-25 Minuten backen bis sie goldbraun sind.

Warm servieren.

NORD- UND MITTELAMERIKA

JAMAIKA
JAMAICAN RUM PUNCH

Der Jamaican Rum Punch ist ein klassischer Cocktail der die reiche Tradition des Rum-Brennens auf Jamaika widerspiegelt. Rum ist ein integraler Bestandteil der jamaikanischen Kultur und Wirtschaft und der Rum Punch kombiniert ihn mit tropischen Säften zu einem erfrischenden und kräftigen Getränk. Die Formel «One of Sour, Two of Sweet, Three of Strong, Four of Weak» (Eins von sauer, zwei von süß, drei von stark, vier von schwach) ist ein traditionelles Rezept für Rum Punch und spiegelt die Balance und den Geschmack dieses beliebten Getränks wider.

PERSONEN: 1
MINUTEN: 15

ZUTATEN

- 60ml jamaikanischer dunkler Rum (z. B. Appleton Estate Reserve 8 Years)
- 30ml Limettensaft
- 30ml Orangensaft
- 30ml Ananassaft
- 15ml Grenadine (z. B. Giffard Grenadine Sirup)
- Eiswürfel
- Eine Scheibe Limette zur Dekoration
- Eine Prise frisch geriebene Muskatnuss
- Optional: Brauner Zucker für den Glasrand

ZUBEREITUNG

Füllen Sie ein Glas mit Eiswürfeln.

Gießen Sie den dunklen Rum, Limettensaft, Orangensaft, Ananassaft und Grenadine über das Eis.

Rühren Sie den Drink um damit alle Zutaten gut vermischt werden.

Garnieren Sie den Drink mit einer Scheibe Limette und bestreuen Sie ihn mit einer Prise frisch geriebener Muskatnuss.

Befeuchten Sie optional den Glasrand mit einer Limette und garnieren Sie ihn mit braunem Zucker.

Sofort servieren.

LOKALES BIER ALS ALTERNATIVE:
Red Stripe

NORD- UND MITTELAMERIKA

KANADA
KANADISCHE POUTINE

Poutine stammt ursprünglich aus der kanadischen Provinz Québec und hat sich seit den späten 1950er Jahren zu einem ikonischen Gericht in ganz Kanada entwickelt. Es gibt viele Geschichten über die Entstehung der Poutine aber eine weit verbreitete Anekdote besagt, dass ein Kunde in einem kleinen Restaurant in Warwick/Québec den Besitzer bat, Käse zu seinen Pommes hinzuzufügen. Der Besitzer bezeichnete das Gericht als «Poutine», was im lokalen Dialekt so viel wie «ein Durcheinander» bedeutet.

PERSONEN 4
MINUTEN 40

ZUTATEN

- 900g Kartoffeln, geschält und in Stäbchen geschnitten
- Öl zum Frittieren
- 200g Mozzarella, gewürfelt
- 2 Tassen Bratensoße (kann fertig gekauft oder selbst gemacht werden)

ZUBEREITUNG

Die Kartoffelstäbchen gründlich waschen und mit Küchenpapier trocken tupfen.

In einem tiefen Topf oder einer Fritteuse das Öl auf 190°C erhitzen. Die Kartoffelstäbchen portionsweise goldbraun und knusprig frittieren. Auf Küchenpapier abtropfen lassen.

Die Bratensoße in einem Topf erwärmen.

Die frittierten Kartoffeln in eine große Schüssel oder auf einzelne Teller verteilen. Den Mozzarella gleichmäßig darüber streuen.

Die heiße Bratensoße direkt über den Mozzarella und die Pommes gießen, sodass der Mozzarella leicht schmilzt.

Sofort servieren solange alles noch heiß ist.

NORD – UND MITTELAMERIKA

KANADA
BLOODY CAESAR COCKTAIL

Der Bloody Caesar Cocktail, oft einfach als «Caesar» bekannt, wurde 1969 von Walter Chell in Calgary, Alberta erfunden um die Eröffnung eines italienischen Restaurants zu feiern. Chell ließ sich von der italienischen Küche inspirieren und wollte einen Cocktail kreieren der an die Spaghetti Vongole erinnert. Der Caesar wurde schnell in ganz Kanada populär und gilt heute als einer der Nationalcocktails des Landes. Er ist bekannt für seinen einzigartigen und würzigen Geschmack.

PERSONEN: 1
MINUTEN: 15

ZUTATEN

- 45ml Wodka (z. B. der kanadische Crystal Head Wodka)
- 120ml Clamato-Saft (eine Mischung aus Tomatensaft und Muschelbrühe)
- 15ml Limettensaft
- 1 TL Worcestershiresauce
- 2-3 Spritzer Tabasco
- Eiswürfel
- Sellerie-Salz (für den Glasrand - alternativ geht auch normales Salz)
- 1 Stängel Sellerie und/oder eine Limettenscheibe zur Dekoration

ZUBEREITUNG

Den Rand eines hohen Glases mit Limettensaft befeuchten und dann in Sellerie-Salz tauchen um den Rand zu bedecken.

Das Glas mit Eiswürfeln füllen.

Wodka, Clamato-Saft, Limettensaft, Worcestershiresauce und Tabasco in das Glas geben und umrühren.

Mit einem Stängel Sellerie und/oder einer Limettenscheibe garnieren.

Sofort servieren.

LOKALES BIER ALS ALTERNATIVE:
Molson

NORD- UND MITTELAMERIKA

KUBA

YUCA CON MOJO

«Yuca con Mojo» ist ein klassisches kubanisches Gericht, das die Einfachheit und den Reichtum der lokalen Zutaten hervorhebt. Mojo, eine Knoblauch-Zitrus-Sauce, ist ein Grundpfeiler der kubanischen Küche und verleiht vielen Gerichten eine charakteristische Geschmacksnote.

PERSONEN: 4
MINUTEN: 40

ZUTATEN

- 1kg Maniok (Yuca), geschält und in Stücke geschnitten
- Wasser zum Kochen
- Salz nach Geschmack

Für den Mojo:
- 4 Knoblauchzehen, fein gehackt
- 1/2 Tasse Olivenöl
- 1/4 Tasse frischer Limettensaft
- 1/2 Teelöffel Salz
- Rote Chilischote, fein gehackt (optional)
- Frische Petersilie, gehackt (optional)

ZUBEREITUNG

Den Maniok in einem großen Topf mit Salzwasser bedecken und zum Kochen bringen. Etwa 20-25 Minuten kochen lassen bis der Maniok weich ist aber nicht auseinanderfällt.

Während der Maniok kocht, den Mojo zubereiten. Dazu den Knoblauch in Olivenöl bei niedriger Hitze leicht anbraten bis er duftet aber nicht braun wird. Vom Herd nehmen, Limettensaft, Salz und Chili (falls verwendet) einrühren und beiseitestellen.

Der gekochte Maniok abgießen und in eine Servierschüssel geben.

Den warmen Mojo über den Maniok gießen und alles vorsichtig vermischen. Mit frischer Petersilie garnieren, falls gewünscht.

Warm servieren.

NORD- UND MITTELAMERIKA

KUBA
CUBA LIBRE

Der Name «Cuba Libre» bedeutet auf Spanisch «freies Kuba» und geht auf den Spanisch-Amerikanischen Krieg Ende des 19. Jahrhunderts zurück als Kuba gegen Spanien um seine Unabhängigkeit kämpfte. Der Drink entstand Anfang des 20. Jahrhunderts, nachdem Coca-Cola erstmals auf der Insel eingeführt wurde und amerikanische Soldaten in kubanischen Bars begannen, ihre Cola mit Rum und einem Spritzer Limette zu mischen. Der Ruf «Por Cuba Libre!» – für ein freies Kuba – wurde zum Toast unter den Trinkenden, was dem Cocktail seinen Namen gab. Heute ist der Cuba Libre ein Zeichen der kubanischen Lebensfreude und ein beliebter Klassiker in Bars auf der ganzen Welt.

PERSONEN: 1
MINUTEN: 10

ZUTATEN

- 50ml weißer oder goldener kubanischer Rum (z. B. Santiago de Cuba 12 Jahre Extra Anejo Rum 40%)
- 120ml Coca-Cola
- Saft von 1/2 Limette
- Eiswürfel
- Eine Limettenscheibe zur Dekoration

ZUBEREITUNG

Füllen Sie ein Glas bis zum Rand mit Eiswürfeln.

Drücken Sie den Saft einer halben Limette direkt über das Eis und werfen Sie die Limettenhälfte dann ins Glas.

Gießen Sie den Rum über das Eis.

Füllen Sie das Glas mit Coca-Cola auf und rühren Sie vorsichtig um.

Garnieren Sie das Getränk mit einer Limettenscheibe am Glasrand.

Sofort servieren und genießen.

LOKALES BIER ALS ALTERNATIVE:
Cubanero

NORD- UND MITTELAMERIKA

MEXIKO

NACHOS MIT GUACAMOLE UND SALSA

Nachos wurden ursprünglich in den 1940er Jahren in Mexiko von Ignacio «Nacho» Anaya erfunden. Die Geschichte besagt, dass Anaya die Nachos als schnellen Snack für eine Gruppe von US-Soldaten kreierte, indem er einfach das was er in der Küche finden konnte (Tortillachips, Käse und Jalapeños) zusammenwarf. Heute sind Nachos ein weltweit beliebter Snack der in unzähligen Variationen serviert wird.

PERSONEN 4
MINUTEN 25

ZUTATEN

Für die Nachos:
- 200g Tortillachips
- 100g geriebener Käse (z. B. Cheddar)
- 1 Dose schwarze Bohnen
- Jalapeños, gehackt

Für die Guacamole:
- 2 reife Avocados
- Saft von 1 Limette
- 2 EL Koriander, gehackt
- 1 Zwiebel, fein gewürfelt
- Salz und Pfeffer

Für die Salsa:
- 3 reife Tomaten, gewürfelt
- 1 Zwiebel, fein gewürfelt
- 2 EL Koriander, gehackt
- Saft von 1 Limette
- Salz und Pfeffer

ZUBEREITUNG

Guacamole zubereiten: Avocados halbieren, entkernen und das Fruchtfleisch in eine Schüssel geben. Mit einer Gabel zerdrücken und Limettensaft, Koriander, Zwiebel, Salz und Pfeffer hinzufügen. Gut vermischen und abschmecken.

Salsa zubereiten: In einer anderen Schüssel Tomaten, Zwiebel, Koriander, Limettensaft, Salz und Pfeffer vermischen. Abschmecken und beiseitestellen.

Nachos vorbereiten: Tortillachips auf einem Backblech ausbreiten. Mit geriebenem Käse, schwarzen Bohnen und Jalapeñoscheiben bestreuen. Unter dem Grill des Ofens für ca. 5 Minuten backen bis der Käse geschmolzen ist.

Die Nachos mit der Guacamole und der Salsa servieren.

NORD- UND MITTELAMERIKA

MEXIKO

MARGARITA

Die Margarita ist einer der bekanntesten Cocktails der Welt und ein Symbol der mexikanischen Kultur. Obwohl ihre genauen Ursprünge umstritten sind, wird allgemein angenommen, dass sie in den 1930er oder 1940er Jahren entstanden ist. Die klassische Margarita, eine perfekte Balance aus süß, sauer und stark, spiegelt die Essenz der mexikanischen Küche wider und ist bei jeder Art von Feier ein beliebter Genuss.

PERSONEN: 1
MINUTEN: 10

ZUTATEN

- 50ml Tequila (z. B. 1800 Reserva AÑEJO Tequila)
- 20ml Triple Sec (z. B. Cointreau)
- 30ml frischer Limettensaft
- Salz für den Glasrand
- Eiswürfel
- Eine Limettenscheibe zur Dekoration

ZUBEREITUNG

Den Rand eines Margarita-Glases mit einer Limettenscheibe befeuchten und in Salz tauchen um den Rand zu bedecken.

Eiswürfel in einen Shaker geben. Tequila, Triple Sec und Limettensaft hinzufügen.

Den Shaker kräftig schütteln bis die Außenseite kalt ist.

Den Cocktail durch ein Sieb in das vorbereitete Glas gießen.

Mit einer Limettenscheibe garnieren.

Sofort servieren.

LOKALES BIER ALS ALTERNATIVE:
Corona

NORD- UND MITTELAMERIKA

USA
PULP FICTION BURGER (BIG KAHUNA)

Der «Big Kahuna Burger» ist einer der vielen übergreifenden Elemente von dem US-amerikanischen Filmregisseur Quentin Tarantino und hat sich zu einem Kultobjekt entwickelt. Obwohl es die Big Kahuna Burger-Kette in der Realität nicht gibt, hat der Burger durch «Pulp Fiction» eine Art Kultstatus erreicht und inspiriert Fans des Films dazu, ihre eigene Version dieses exotischen Burgers zu kreieren. Die Idee, ausgefallene Elemente wie Ananas und Teriyaki-Sauce zu verwenden, verleiht dem Burger ein einzigartiges, süß-salziges Geschmacksprofil.

PERSONEN: 4
MINUTEN: 30

ZUTATEN

- 4 Rinderhackfleisch-Patties (je ca. 150g)
- 4 Scheiben frische Ananas
- 4 Scheiben Cheddar-Käse
- 4 große Blätter Römersalat
- 4 Scheiben Tomaten
- 4 Hamburger-Brötchen, aufgeschnitten
- Teriyaki-Sauce
- Mayonnaise
- Ketchup
- Scheiben rote Zwiebeln
- Salz und Pfeffer

ZUBEREITUNG

Patties vorbereiten: Die Rinderhackfleisch-Patties mit Salz und Pfeffer würzen. Eine Grillpfanne oder eine normale Pfanne auf mittlere bis hohe Hitze erhitzen und die Patties von beiden Seiten braten, bis sie den gewünschten Garpunkt erreicht haben (etwa 3-4 Minuten pro Seite für Medium).

Ananas grillen: Während die Patties braten, die Ananasscheiben in die Pfanne oder auf den Grill legen und von beiden Seiten leicht karamellisieren lassen.

Burger bauen: Die Unterseiten der Brötchen mit Mayonnaise und Ketchup bestreichen. Ein Salatblatt, eine Tomatenscheibe und rote Zwiebelscheiben auf jedes Brötchen legen.

Sobald die Patties fast fertig sind, jede Scheibe mit etwas Teriyaki-Sauce bestreichen und dann eine Scheibe Cheddar-Käse darauflegen. Kurz warten, bis der Käse schmilzt.

Das fertige Patty auf das Brötchen legen, gefolgt von einer gegrillten Ananasscheibe. Die Oberseite des Brötchens auflegen und den Burger servieren.

NORD- UND MITTELAMERIKA

USA
OLD FASHIONED

Der Old Fashioned gilt als einer der ältesten Cocktails und symbolisiert die klassische, amerikanische Cocktailkultur. Sein Ursprung reicht bis ins 19. Jahrhundert zurück. Der Drink steht für Einfachheit und Eleganz und wurde besonders in den letzten Jahren wieder beliebter, teilweise dank seiner Präsenz in der Popkultur, wie z. B. in der Fernsehserie «Mad Men».

PERSONEN: 1
MINUTEN: 10

ZUTATEN

- 60ml Bourbon oder Rye Whiskey (z. B. Bulleit 95 Rye Small Batch)
- 1 Zuckerwürfel
- Wenige Spritzer Angosturabitter
- Ein paar Tropfen Wasser
- Eiswürfel
- Eine Orangenzeste und eine Cocktailkirsche zur Dekoration

ZUBEREITUNG

Legen Sie den Zuckerwürfel in ein kurzes Glas und beträufeln Sie ihn mit Angosturabitter und ein paar Tropfen Wasser.

Den Zucker mit einem Löffel zerdrücken und verrühren, bis sich alles größtenteils aufgelöst hat.

Füllen Sie das Glas mit Eiswürfeln und gießen Sie den Whiskey darüber.

Rühren Sie den Drink vorsichtig um.

Mit einer Orangenzeste und einer Cocktailkirsche garnieren.

Sofort servieren.

LOKALES BIER ALS ALTERNATIVE:
Budweiser

NORD- UND MITTELAMERIKA

CHINA

FRÜHLINGSROLLEN

Frühlingsrollen sind ein traditioneller Snack in China, besonders beliebt während des Chinesischen Neujahrsfests, da sie Wohlstand und Reichtum symbolisieren sollen. Ihre goldene Farbe nach dem Frittieren ähnelt Goldbarren. Ursprünglich wurden sie als Frühlingskuchen bezeichnet, da sie mit frischen Frühlingsgemüsen gefüllt waren.

PERSONEN: 4
MINUTEN: 40

ZUTATEN

- 12 Frühlingsrollenwrapper
- 200g Weißkohl, fein geschnitten
- 100g Karotten, in dünne Streifen geschnitten
- 100g Mungobohnensprossen
- 100g gehackte Shiitake-Pilze (frisch oder eingeweicht, wenn getrocknet)
- 2 Frühlingszwiebeln, fein gehackt
- 2 EL Sojasauce
- 1 TL Sesamöl
- 1 Knoblauchzehe, fein gehackt
- Salz und Pfeffer
- Öl zum Frittieren
- Sesamsamen

ZUBEREITUNG

In einer großen Pfanne etwas Öl erhitzen und Knoblauch, Frühlingszwiebeln, Karotten, Weißkohl und Pilze bei mittlerer Hitze für 5-7 Minuten anbraten, bis das Gemüse weich ist.

Mungobohnensprossen, Sojasauce und Sesamöl hinzufügen. Mit Salz und Pfeffer abschmecken. Vom Herd nehmen und die Mischung abkühlen lassen.

Legen Sie etwa 2 EL der Füllung auf jeden Frühlingsrollenwrapper. Falten Sie die Seiten ein und rollen Sie sie fest auf. Verwenden Sie ein wenig Wasser, um das Ende zu versiegeln.

In einem tiefen Topf oder einer Fritteuse das Öl erhitzen und die Frühlingsrollen in Chargen goldbraun und knusprig frittieren, etwa 2-3 Minuten.

Auf Küchenpapier abtropfen lassen und mit Sesamsamen bestreuen. Danach heiß servieren.

ASIEN

CHINA
CHINESISCHER PFLAUMENWEIN-COCKTAIL

Pflaumenwein, auch bekannt als «Mei Jiu» in China, ist ein beliebter Likör, der aus fermentierten Pflaumen hergestellt wird. Er hat eine lange Geschichte in der chinesischen Kultur und wird traditionell zu besonderen Anlässen und Festen genossen. Dieser Cocktail kombiniert den süßen und leicht säuerlichen Geschmack des Pflaumenweins mit der Stärke von Wodka und der Frische von Zitronensaft zu einem exklusiven und aromatischen Getränk, ideal für gesellige Anlässe.

PERSONEN: 1
MINUTEN: 10

ZUTATEN

- 60ml chinesischer Pflaumenwein (z. B. China Plum)
- 30ml Wodka
- 15ml Zitronensaft
- 1 TL Honig oder Zuckersirup
- Eiswürfel
- Eine dünne Scheibe Pflaume oder Zitrone zur Dekoration

ZUBEREITUNG

Füllen Sie einen Cocktailshaker mit Eiswürfeln.

Geben Sie den Pflaumenwein, Wodka, Zitronensaft und Honig oder Zuckersirup in den Shaker.

Kräftig schütteln bis die Mischung gut gekühlt ist.

Durch ein Sieb in ein gekühltes Cocktailglas gießen.

Mit einer Scheibe Pflaume oder Zitrone garnieren.

Sofort servieren.

LOKALES BIER ALS ALTERNATIVE:
Tsingtao

ASIEN

INDIEN

SAMOSAS

Samosas sind ein beliebter Snack in ganz Indien und haben eine reiche Geschichte die bis ins mittelalterliche Indien zurückreicht. Ursprünglich aus dem Nahen Osten unter dem Namen «Sambosa» nach Indien gekommen, wurden sie schnell ein fester Bestandteil der indischen Küche. Traditionell wurden sie mit Fleisch zubereitet, aber heute gibt es viele Variationen, einschließlich vegetarischer Optionen.

PERSONEN: 4
MINUTEN: 50

ZUTATEN

Für den Teig:
- 2 Tassen Mehl
- 4 EL Pflanzenöl
- 1/2 TL Salz
- Ca. 1/2 Tasse Wasser

Für die Füllung:
- 2 EL Pflanzenöl
- 1 TL Kreuzkümmelsamen
- 1 kleine Zwiebel, fein gehackt
- 1 TL geriebener Ingwer
- 1 TL gehackte grüne Chilis
- 2 mittelgroße Kartoffeln, gekocht, geschält und gewürfelt
- 1/2 Tasse Erbsen
- 1 TL Garam Masala (indische Gewürzmischung)
- 1/2 TL Kurkumapulver
- Salz nach Geschmack
- Frischer Koriander, gehackt
- Öl zum Frittieren

ZUBEREITUNG

Teig vorbereiten: Mehl, Öl und Salz in einer Schüssel mischen. Nach und nach Wasser hinzufügen und zu einem festen, geschmeidigen Teig kneten. Abdecken und 30 Minuten ruhen lassen.

Füllung zubereiten: Öl in einer Pfanne erhitzen. Kreuzkümmelsamen hinzufügen und warten bis sie zu knacken beginnen. Zwiebel, Ingwer und grüne Chilis hinzufügen und anbraten, bis die Zwiebeln glasig sind. Kartoffeln, Erbsen, Garam Masala, Kurkuma und Salz hinzufügen. Gut umrühren und vom Herd nehmen. Frischen Koriander unterrühren.

Samosas formen: Den Teig in kleine Kugeln teilen und jede zu einem Kreis ausrollen. Den Kreis halbieren. Eine Hälfte nehmen, zu einem Kegel formen und die Ränder mit Wasser befeuchten. Die Füllung in den Kegel geben, dann die Ränder zusammendrücken und versiegeln.

Samosas frittieren: Öl in einem tiefen Topf oder einer Fritteuse erhitzen. Die Samosas in Chargen goldbraun und knusprig frittieren. Auf Küchenpapier abtropfen lassen.

Warm servieren. Dazu passt ein indisches Mango-Chutney nach Wahl.

ASIEN

INDIEN

MANGO LASSI COCKTAIL

Der Mango Lassi Cocktail ist eine alkoholische Variante des traditionellen indischen Lassis, eines Joghurt-basierten Getränks, das vor allem im Norden Indiens beliebt ist. Während Lassi in seiner klassischen Form meist als erfrischendes, nicht-alkoholisches Getränk dient, verleiht die Zugabe von Mango-Likör diesem Getränk eine moderne, festliche Note. Diese Kombination feiert die Liebe Indiens zu Mangos, die landesweit als die «Königin der Früchte» gilt, und verbindet traditionelle Aromen mit einem Hauch von Moderne.

PERSONEN: 1
MINUTEN: 10

ZUTATEN

- 60ml indischer Mango-Likör (z. B. Sona Mango Likör)
- 120ml Mango Lassi
- Eiswürfel
- Eine Prise gemahlener Kardamom
- Eine Scheibe Mango oder Minzblatt zur Dekoration

ZUBEREITUNG

Füllen Sie einen Shaker mit Eiswürfeln.

Gießen Sie den Mango-Likör und den Lassi in den Shaker.

Kräftig schütteln bis die Mischung gut gekühlt ist.

Durch ein Sieb in ein gekühltes Cocktail- oder Martiniglas gießen.

Mit einer Prise gemahlenem Kardamom bestreuen und mit einer Mangoscheibe oder einem Minzblatt garnieren.

Sofort servieren.

LOKALES BIER ALS ALTERNATIVE:
Kingfisher

ASIEN

INDONESIEN

SATAY AYAM (HÄHNCHEN-SATAY)

Satay Ayam ist ein populärer Snack in Indonesien der auf der ganzen Welt Liebhaber gefunden hat. Ursprünglich aus Java stammend, ist Satay ein Beispiel für die vielseitige Verwendung von Gewürzen in der indonesischen Küche. Die Kombination aus gegrilltem Fleisch und der würzigen Erdnusssauce macht es zu einem idealen Snack für gesellige Anlässe.

PERSONEN 4
MINUTEN 90

ZUTATEN

- 500g Hähnchenbrust, in Würfel geschnitten
- 20 Holzspieße, in Wasser eingeweicht
- Petersilie, geschnitten

Für die Marinade:
- 2 Knoblauchzehen, gehackt
- 1 TL gemahlener Koriander
- 1 TL gemahlener Kurkuma
- 1/2 TL gemahlener Ingwer
- 2 EL Sojasauce
- 1 EL Öl
- Saft von 1/2 Limette

Für die Erdnusssauce:
- 200g Erdnussbutter
- 1 Knoblauchzehe, gehackt
- 1 EL Sojasauce
- 200ml Kokosmilch
- Wasser nach Bedarf
- Chili nach Geschmack

ZUBEREITUNG

Marinieren: Hähnchenwürfel mit allen Zutaten für die Marinade mischen. Mindestens 1 Stunde im Kühlschrank marinieren lassen, idealerweise über Nacht.

Erdnusssauce: In einem Topf Knoblauch in etwas Öl anbraten. Erdnussbutter, Sojasauce, Kokosmilch und Chili hinzufügen. Bei niedriger Hitze rühren bis die Sauce glatt ist. Bei Bedarf Wasser hinzufügen um die gewünschte Konsistenz zu erreichen.

Satay vorbereiten: Hähnchenwürfel auf die eingeweichten Holzspieße fädeln.

Grillen: Die Satay-Spieße auf einem heißen Grill oder in einer Grillpfanne von jeder Seite 3-5 Minuten grillen bis sie durchgegart sind.

Die Satay-Spieße mit der Erdnusssauce servieren. Nach Belieben mit Petersilie garnieren.

ASIEN

INDONESIEN
ARAK MADU

Arak Madu ist ein traditioneller indonesischer Cocktail, der die Süße des Honigs mit der Stärke des Arak verbindet. Arak (auf Deutsch: Arrak) ist ein traditioneller indonesischer Branntwein, der aus fermentiertem Palmensaft gewonnen wird und besonders auf der Insel Bali beliebt ist. Dieser Cocktail spiegelt die balinesische Tradition lokale Zutaten zu verwenden wider und bietet ein einzigartiges Geschmackserlebnis das in den tropischen Nächten Indonesiens für Erfrischung sorgt.

PERSONEN: 1
MINUTEN: 10

ZUTATEN

- 50ml Bovens Original Arrak 58%
- 2 EL Honig
- Saft von 1/2 Limette
- Eiswürfel
- Eine dünne Limettenscheibe zur Dekoration
- Ein Minzblatt zur Dekoration

ZUBEREITUNG

Füllen Sie ein kurzes Glas mit Eiswürfeln.

In einem Shaker den Arrak, Honig und Limettensaft mit einigen Eiswürfeln kräftig schütteln.

Die Mischung in das vorbereitete Glas seihen.

Mit einer Limettenscheibe und einem Minzblatt garnieren.

Sofort servieren.

LOKALES BIER ALS ALTERNATIVE:
Bintang

ASIEN

JAPAN

SELBSTGEMACHTES SUSHI (MAKI-SUSHI)

Sushi ist ein ikonisches Gericht der japanischen Küche das sich durch seine Einfachheit und seinen frischen Geschmack auszeichnet. Die Kunst der Sushizubereitung (Sushi-do) hat eine lange Geschichte in Japan und ist tief in der Kultur verankert.

PERSONEN 4
MINUTEN 80

ZUTATEN

- 2 Tassen Sushi-Reis
- 2 1/2 Tassen Wasser
- 1/2 Tasse Reisessig
- 2 EL Zucker
- 1 TL Salz
- Nori-Blätter (Seetang)
- Füllungen nach Wahl: z.B. frischer Fisch wie Thunfisch oder Lachs, Gurke, Avocado, Frühlingszwiebeln
- Sojasauce, eingelegter Ingwer und Wasabi zum Servieren

ZUBEREITUNG

Reis kochen: Sushi-Reis unter fließendem Wasser waschen, bis das Wasser klar ist. Reis mit 2 1/2 Tassen Wasser kochen, dann bei niedriger Hitze 10 Minuten köcheln lassen. Vom Herd nehmen und 10 Minuten ruhen lassen.

Reisessig-Mischung: In einem kleinen Topf Reisessig, Zucker und Salz erwärmen, bis sich alles aufgelöst hat. Nicht kochen.

Reis würzen: Den gekochten Reis in eine Holz- oder Plastikschüssel umfüllen und die Essigmischung gleichmäßig darüber verteilen. Vorsichtig umrühren und den Reis bei Raumtemperatur abkühlen lassen.

Sushi rollen: Ein Nori-Blatt auf eine Bambusmatte (Makisu) legen. Eine gleichmäßige Schicht Sushi-Reis auf dem Nori verteilen, dabei an einer Kante ca. 2 cm frei lassen. Füllungen auf den Reis legen. Mit Hilfe der Bambusmatte das Sushi fest aufrollen, dabei darauf achten, dass die Füllung in der Mitte bleibt. Die freie Kante des Noris mit etwas Wasser befeuchten, um die Rolle zu versiegeln.

Schneiden: Die Rolle mit einem scharfen, feuchten Messer in 6-8 Stücke schneiden.

Mit Sojasauce, eingelegtem Ingwer und Wasabi servieren.

ASIEN

JAPAN

JAPANISCHER HIGHBALL

Der japanische Highball, ein Cocktail aus Whisky und Sprudelwasser, hat in den letzten Jahren in Japan an Popularität gewonnen. Er wird für seine erfrischenden Eigenschaften geschätzt und ist ein beliebtes Getränk in Izakayas (japanische Gasthäuser). Die einfache Zusammensetzung betont die Qualität des verwendeten Whiskys und ist ein Beweis für die japanische Vorliebe für Reinheit und Einfachheit in der Kulinarik.

PERSONEN: 1
MINUTEN: 5

ZUTATEN

- 50ml japanischer Whisky nach Wahl (z. B. Suntory Hibiki Harmony)
- Sprudelwasser
- Eiswürfel
- Eine Zitronenscheibe zur Dekoration

ZUBEREITUNG

Ein hohes Glas mit Eiswürfeln füllen.

Den japanischen Whisky hinzufügen.

Das Glas mit Sprudelwasser auffüllen und vorsichtig umrühren.

Mit einer Zitronenscheibe garnieren.

Sofort servieren.

LOKALES BIER ALS ALTERNATIVE:
Asahi

ASIEN

SÜDKOREA
KIMCHI PANCAKES (KIMCHIJEON)

Kimchijeon, oder Kimchi Pancakes, sind ein beliebter Snack in Südkorea besonders bei regnerischem Wetter zusammen mit Makgeolli (südkoreanischer Reiswein). Sie vereinen den charakteristischen Geschmack von Kimchi (spezielle Zubereitung von Gemüse wie Chinakohl und Rettich) in einem einfachen Gericht. Kimchi selbst hat eine lange Geschichte in Korea und ist ein Symbol für die koreanische Kultur.

PERSONEN 4
MINUTEN 40

ZUTATEN

- 1 Tasse gut abgetropftes, grob gehacktes Kimchi (z. B. Korean Street Halmoni Canned Kimchi)
- 1/2 Tasse Kimchi-Saft (z. B. Superhuman Kimchi Saft)
- 3/4 Tasse Allzweckmehl
- 1/4 Tasse Reismehl
- 1/2 TL Salz
- 1/2 TL Zucker
- 2 Frühlingszwiebeln, in dünne Scheiben geschnitten
- Pflanzenöl zum Braten
- Sesamsamen nach Belieben
- Optional: Meeresfrüchte oder gehacktes Gemüse für zusätzliche Einlagen

ZUBEREITUNG

In einer großen Schüssel Kimchi, Kimchi-Saft, Allzweckmehl, Reismehl, Salz, Zucker und Frühlingszwiebeln zu einem glatten Teig vermischen. Falls gewünscht, können jetzt auch Meeresfrüchte oder zusätzliches Gemüse eingearbeitet werden.

Erhitzen Sie eine große Pfanne bei mittlerer Hitze und fügen Sie einen großzügigen Schuss Pflanzenöl hinzu.

Für jeden Pancake etwa 1/4 der Mischung in die Pfanne geben und flach drücken, um einen Kreis zu formen. Braten Sie den Pancake 3-4 Minuten pro Seite, bis er goldbraun und knusprig ist.

Wiederholen Sie den Vorgang mit der restlichen Mischung, fügen Sie bei Bedarf mehr Öl hinzu.

Die Pancakes mit Sesamsamen und Frühlingszwiebeln garnieren.

Heiß servieren und mit Sojasauce oder einem Dip genießen.

ASIEN

SÜDKOREA
🇰🇷 SOJU SUNRISE

Der Soju Sunrise ist eine koreanische Variante des klassischen Tequila Sunrise. Er nutzt Soju, einen beliebten koreanischen Schnaps mit milderem Alkoholgehalt als Tequila, was den Drink leichter und für eine breitere Palette von Anlässen geeignet macht. Soju ist ein wesentlicher Bestandteil der südkoreanischen Trinkkultur und wird traditionell in kleinen Gläsern serviert. Drinks wie der Soju Sunrise zeigen die moderne und kreative Verwendung von Soju in Cocktails.

PERSONEN: 1
MINUTEN: 10

ZUTATEN

- 60ml Soju (z. B. JINRO Soju Original)
- 120ml Orangensaft
- 30ml Grenadine-Sirup (z. B. Finest Call Grenadine Sirup)
- Eiswürfel
- Eine Orangenscheibe zur Dekoration

ZUBEREITUNG

Füllen Sie ein hohes Glas zur Hälfte mit Eiswürfeln.

Gießen Sie den Soju und Orangensaft über das Eis.

Langsam den Grenadine-Sirup hinzufügen, der sich am Boden des Glases absetzen sollte, um einen „Sunrise"-Effekt zu erzeugen.

Garnieren Sie das Getränk mit einer Orangenscheibe.

Servieren Sie den Drink ohne Umrühren um die schöne Farbgradation zu bewahren.

LOKALES BIER ALS ALTERNATIVE:
Hite

ASIEN

# ÄGYPTEN
HAWAWSHI

Hawawshi wurde in den 1970er Jahren von einem Metzger namens Ahmed al-Hawawshi erfunden der in Kairo lebte. Er kam auf die Idee, gewürztes Hackfleisch zwischen zwei Brotlagen zu legen und es dann zu backen, was bei den Kunden sofort großen Anklang fand. Heute ist Hawawshi in ganz Ägypten und darüber hinaus als köstlicher und sättigender Snack bekannt, der sowohl in Restaurants als auch zu Hause zubereitet wird.

PERSONEN 4
MINUTEN 50

ZUTATEN

- 500g Rinder- oder Lammhackfleisch
- 2 große Zwiebeln, fein gewürfelt
- 2 Tomaten, fein gewürfelt
- 2 grüne Chilischoten, fein gehackt (optional für mehr Schärfe)
- 1/2 Bund frische Petersilie, fein gehackt
- 1 Teelöffel gemahlener Kreuzkümmel
- 1 Teelöffel Paprikapulver
- 1/2 Teelöffel gemahlener Koriander
- Salz und schwarzer Pfeffer nach Geschmack
- 4 Fladenbrote oder Pita-Brote

ZUBEREITUNG

Heizen Sie Ihren Ofen auf 200°C vor.

In einer großen Schüssel das Hackfleisch mit den Zwiebeln, Tomaten, Chilischoten (falls verwendet), Petersilie, Kreuzkümmel, Paprikapulver, Koriander, Salz und Pfeffer gut vermischen.

Teilen Sie die Fladenbrote vorsichtig in zwei Hälften, sodass Taschen entstehen, oder schneiden Sie sie auf einer Seite auf um eine Öffnung zu schaffen.

Füllen Sie jede Brottasche gleichmäßig mit der Fleischmischung. Drücken Sie die Füllung leicht an, damit sie sich gleichmäßig verteilt.

Legen Sie die gefüllten Brote auf ein mit Backpapier ausgelegtes Backblech.

Backen Sie die Hawawshi im vorgeheizten Ofen für etwa 20-30 Minuten, bis das Brot goldbraun und knusprig ist und das Fleisch vollständig gekocht ist.

Lassen Sie die Hawawshi vor dem Servieren einige Minuten abkühlen.

AFRIKA

ÄGYPTEN
SAHLAB COCKTAIL

Sahlab ist ein traditionelles ägyptisches Getränk. Es wird aus dem Pulver der Orchideenknollen hergestellt, das dem Getränk eine natürlich cremige Konsistenz verleiht. Die Zugabe von Rum verleiht diesem klassischen Getränk eine moderne und festliche Note.

PERSONEN: 1
MINUTEN: 10

ZUTATEN

- 1 Tasse Milch
- 2 Teelöffel Sahlab-Pulver (oder Maisstärke als Alternative)
- 2 Esslöffel Zucker
- 1/2 Teelöffel Vanilleextrakt
- 1 Schuss Rosenwasser (z. B. Elephant Bay Rose Water)
- 1 Schuss Rum nach Wahl
- Zimt und gehackte Pistazien zur Dekoration

ZUBEREITUNG

Die Milch in einem Topf erhitzen aber nicht zum Kochen bringen. Sahlab-Pulver und Zucker in die Milch einrühren bis sich beides vollständig aufgelöst hat.

Vanilleextrakt und Rosenwasser hinzufügen und gut umrühren.

Die Mischung in ein hitzebeständiges Glas gießen.

Einen Schuss Rum hinzufügen und leicht umrühren.

Mit Zimt bestreuen und gehackte Pistazien als Dekoration hinzufügen.

LOKALES BIER ALS ALTERNATIVE:
Nora

AFRIKA

ALGERIEN
MHADJEB

Mhadjeb ist eine beliebte Straßenspeise in Algerien die oft als herzhafter Snack oder als Teil des Hauptgerichts während des Fastenmonats Ramadan genossen wird. Die Kombination aus einfachem Teig und würziger Füllung macht sie zu einem köstlichen und sättigenden Essen, das in vielen Variationen je nach regionalen Vorlieben zubereitet wird.

PERSONEN: 4
MINUTEN: 90

ZUTATEN

Für den Teig:
- 3 Tassen feines Weizenmehl
- 1 Teelöffel Salz
- 1 Tasse warmes Wasser (möglicherweise etwas mehr oder weniger, je nach Bedarf)
- 2 Esslöffel Olivenöl

Für die Füllung:
- 4 große Tomaten, fein gewürfelt
- 2 Zwiebeln, fein gehackt
- 4 Knoblauchzehen, fein gehackt
- 1 Tasse gehackter frischer Koriander
- 1 Teelöffel Kreuzkümmel
- Salz und schwarzer Pfeffer nach Geschmack
- Olivenöl zum Braten

ZUBEREITUNG

Mischen Sie in einer großen Schüssel das Mehl und Salz. Fügen Sie langsam Wasser hinzu und kneten Sie, bis ein weicher, elastischer Teig entsteht. Arbeiten Sie das Olivenöl ein und kneten Sie weiter, bis der Teig glatt ist. Bedecken Sie die Schüssel und lassen Sie den Teig etwa 30 Minuten ruhen.

Für die Füllung die Tomaten, Zwiebeln, Knoblauch und Koriander in einer Schüssel vermischen. Mit Kreuzkümmel, Salz und Pfeffer würzen.

Teilen Sie den Teig in gleich große Stücke und rollen Sie jedes Stück zu einem sehr dünnen Kreis aus. Der Teig sollte fast durchsichtig sein.

Verteilen Sie die Füllung auf der Hälfte jedes Teigkreises, klappen Sie den Teig über die Füllung und drücken Sie die Ränder fest zusammen um sie zu verschließen.

Erhitzen Sie etwas Olivenöl in einer Pfanne und braten Sie die Mhadjeb bei mittlerer Hitze von beiden Seiten goldbraun an.

Die fertigen Mhadjeb auf Küchenpapier abtropfen lassen bevor sie serviert werden.

AFRIKA

ALGERIEN
MAZAGRAN

Mazagran, oft als der «erste Eiskaffee der Welt» bezeichnet, hat seinen Ursprung in Algerien während der französischen Kolonialzeit. Es wird erzählt, dass französische Soldaten in der Festung Mazagran den Kaffee kalt mit Wasser verdünnt tranken um sich in der Hitze zu erfrischen. Später, zurück in Frankreich, fügten sie Rum hinzu, um dem Getränk einen zusätzlichen Kick zu geben. Heute ist Mazagran ein beliebtes Sommergetränk das in verschiedenen Variationen rund um das Mittelmeer genossen wird.

PERSONEN 1   **MINUTEN** 15

ZUTATEN

- 1 Tasse starker, kalter Kaffee
- 2 Esslöffel Zucker (oder nach Geschmack)
- Eiswürfel
- 2 Esslöffel Rum nach Wahl
- Frische Zitronenscheibe

ZUBEREITUNG

Lösen Sie den Zucker in dem kalten Kaffee auf.

Füllen Sie ein Glas zur Hälfte mit Eiswürfeln.

Gießen Sie den gesüßten Kaffee über das Eis.

Fügen Sie den Rum hinzu und rühren Sie um.

Garnieren Sie das Getränk mit einer Scheibe Zitrone.

LOKALES BIER ALS ALTERNATIVE:
Picon

AFRIKA

MAROKKO
MINI KEFTA TAGINE

Kefta ist eine beliebte Art von gewürztem Hackfleisch in der marokkanischen Küche und wird für eine Vielzahl von Gerichten verwendet, von Spießen bis hin zu Füllungen für Gebäck. Die Mini Kefta Tagine ist eine vereinfachte Version des klassischen Kefta Tagine, die normalerweise mit Tomatensauce und Eiern serviert wird. Dieses Gericht spiegelt die reiche Gewürzkultur Marokkos wider und bietet eine herzhafte Option für Snacks während spannender Fußballspiele.

PERSONEN 4 **MINUTEN** 60

ZUTATEN

- 500g Rinderhackfleisch oder Lammhackfleisch
- 1 mittelgroße Zwiebel, fein gehackt
- 2 Knoblauchzehen, fein gehackt
- 2 Esslöffel frische Petersilie, fein gehackt
- 2 Esslöffel frischer Koriander, fein gehackt
- 1 Teelöffel Kreuzkümmel
- 1 Teelöffel Paprikapulver
- 1/2 Teelöffel Cayennepfeffer
- Salz und Pfeffer nach Geschmack
- 2 Esslöffel Olivenöl
- 4 Eier (optional)

ZUBEREITUNG

In einer großen Schüssel das Hackfleisch mit Zwiebeln, Knoblauch, Petersilie, Koriander, Kreuzkümmel, Paprikapulver, Cayennepfeffer, Salz und Pfeffer gründlich vermischen.

Formen Sie aus der Fleischmischung kleine Bällchen oder Kebabs. Erhitzen Sie das Olivenöl in einer Tagine (rundes, aus Lehm gebranntes Schmorgefäß) oder einer Pfanne bei mittlerer Hitze.

Braten Sie die Fleischbällchen von allen Seiten an bis sie gleichmäßig gebräunt sind.

Reduzieren Sie die Hitze, decken Sie die Tagine oder Pfanne ab und lassen Sie die Kefta für etwa 20 Minuten köcheln bis sie durchgegart sind.

Optional: Schlagen Sie einige Minuten vor Ende der Garzeit Eier über die Kefta und lassen Sie diese stocken.

Servieren Sie die Mini Kefta Tagine heiß, direkt aus der Tagine oder Pfanne.

AFRIKA

MAROKKO

MAROKKANISCHER MINZTEE MOJITO

Der marokkanische Minztee, traditionell serviert als Zeichen der Gastfreundschaft, ist ein Symbol der marokkanischen Kultur. Der marokkanische Minztee Mojito ist eine kreative Abwandlung des klassischen Mojitos, der die erfrischenden Aromen des Minztees mit der Lebhaftigkeit von Rum kombiniert. Dieser Drink ist eine perfekte Mischung aus traditionellem marokkanischem Geschmack und modernem Cocktailgenuss.

PERSONEN: 1
MINUTEN: 15

ZUTATEN

- 1/2 Tasse frisch aufgebrühter marokkanischer Minztee (z. B. Sirocco Tee Moroccan Mint), abgekühlt
- 1 Esslöffel Zucker (oder nach Geschmack)
- Frische Minzblätter
- Saft von 1/2 Limette
- 1 Schuss Rum nach Wahl (ca. 30ml)
- Eiswürfel
- Sprudelwasser

ZUBEREITUNG

Mischen Sie in einem Glas den Zucker und Limettensaft.

Fügen Sie die Minzblätter hinzu und vermuddeln Sie diese um die Aromen freizusetzen.

Geben Sie Eiswürfel in das Glas.

Gießen Sie den abgekühlten marokkanischen Minztee und den Rum dazu.

Füllen Sie das Glas mit Sprudelwasser auf.

Umrühren und mit einem Minzzweig garnieren.

LOKALES BIER ALS ALTERNATIVE:
Casablanca

AFRIKA

SÜDAFRIKA
KOEKSISTERS

Der Name «Koeksister» leitet sich vom niederländischen Wort «koekje» ab, das «Keks» oder «kleiner Kuchen» bedeutet. Es gibt zwei Hauptvarianten von Koeksisters in Südafrika: die afrikaanssprachige Version, die geflochten und sirupgetränkt ist, und die Kap-Malaiische Version, die eher würzig ist und eine orange Farbe hat. Die afrikaanssprachige Version ist außen knusprig und innen süß und sirupig, ein wahrer Genuss für Liebhaber süßer Speisen.

PERSONEN 4
MINUTEN 150

ZUTATEN

Für den Sirup:
- 2 Tassen Zucker
- 1 Tasse Wasser
- 1/2 Teelöffel Zitronensaft
- 1 Teelöffel Vanilleextrakt
- 2 cm Ingwerstück, geschält
- 1 Zimtstange

Für den Teig:
- 2 Tassen Allzweckmehl
- 2 Teelöffel Backpulver
- 1/2 Teelöffel Salz
- 4 Esslöffel Butter, kalt und in kleine Stücke geschnitten
- 3/4 Tasse Milch
- Öl zum Frittieren
- Puderzucker zum Garnieren

ZUBEREITUNG

Sirup: Kombinieren Sie Zucker, Wasser, Zitronensaft, Vanilleextrakt, Ingwer und Zimtstange in einem Topf. Erhitzen Sie die Mischung bei mittlerer Hitze bis der Zucker vollständig aufgelöst ist. Lassen Sie den Sirup nach dem Aufkochen für etwa 5 Minuten leicht köcheln. Nehmen Sie den Topf vom Herd und lassen Sie den Sirup abkühlen.

Teig: Sieben Sie das Mehl, Backpulver und Salz in eine große Schüssel. Fügen Sie die Butter hinzu und verarbeiten Sie die Mischung bis sie eine brotbröselartige Konsistenz annimmt.

Machen Sie eine Mulde in der Mitte der Mehlmischung und gießen Sie nach und nach die Milch ein, während Sie die Zutaten zu einem weichen Teig verkneten.

Rollen Sie den Teig auf einer leicht bemehlten Fläche aus, bis er etwa 1/2 cm dick ist. Schneiden Sie den Teig in Streifen und flechten oder formen Sie diese zu kleinen Zöpfen.

Erhitzen Sie das Öl in einer tiefen Pfanne oder einer Fritteuse auf mittlere Temperatur. Frittieren Sie die Koeksisters in Chargen bis sie goldbraun sind (ca. 2-3 Minuten je).

Tauchen Sie die heißen Koeksisters sofort nach dem Frittieren in den kalten Sirup, damit sie den Sirup vollständig aufsaugen. Etwas abkühlen lassen, mit Puderzucker garnieren und genießen.

AFRIKA

SÜDAFRIKA
AMARULA-COCKTAIL

Amarula ist ein beliebter südafrikanischer Cream Likör, hergestellt aus dem Fruchtfleisch der Marula-Frucht. Die Marula-Frucht wächst in den warmen, frostfreien Regionen Südafrikas. Der Likör hat eine reiche, cremige Textur mit Anklängen von Karamell, Vanille und Nüssen. Der Amarula-Cocktail ist eine köstliche Weise, diesen einzigartigen Likör zu genießen und verbindet die reiche Kultur Südafrikas mit einem modernen Twist.

PERSONEN: 1
MINUTEN: 15

ZUTATEN

- 2 Esslöffel Amarula Cream Likör
- 1 Esslöffel dunkler Rum nach Wahl
- Eiswürfel
- Schokoladenstücke oder Kakaopulver zur Garnierung
- Optional: 1 Schuss Espresso oder starker Kaffee

ZUBEREITUNG

Füllen Sie einen Shaker mit Eiswürfeln.

Geben Sie den Amarula Cream Likör und den dunklen Rum (und optional den Espresso/Kaffee) in den Shaker.

Schütteln Sie die Mischung kräftig bis sie gut gekühlt ist.

Seihen Sie den Drink in ein gekühltes Glas.

Garnieren Sie den Cocktail mit Schokoladenstücken oder einer Prise Kakaopulver.

LOKALES BIER ALS ALTERNATIVE:
Castle Lager

AFRIKA

TUNESIEN
BRIK MIT THUNFISCH

Brik ist ein essentieller Bestandteil der tunesischen Küche und wird traditionell während des Ramadan serviert, ist aber auch bei anderen Gelegenheiten ein beliebter Snack. Der dünne Teig, ähnlich dem türkischen Yufka-Teig, wird mit verschiedensten Füllungen zubereitet, wobei Thunfisch und Ei zu den klassischen Varianten gehören. Dieser Snack symbolisiert die Vielfalt und Reichhaltigkeit der tunesischen Kultur und Küche.

PERSONEN 4 **MINUTEN** 30

ZUTATEN

- 4 Blätter Brik-Teig (oder als Alternative Filoteig)
- 1 Dose Thunfisch im eigenen Saft, abgetropft
- 4 Eier
- 1 kleine Zwiebel, fein gehackt
- 2 Esslöffel Kapern, grob gehackt
- 2 Esslöffel frische Petersilie, fein gehackt
- Salz und Pfeffer nach Geschmack
- Öl zum Frittieren

ZUBEREITUNG

In einer Schüssel den abgetropften Thunfisch, die gehackte Zwiebel, Kapern und Petersilie vermischen. Mit Salz und Pfeffer würzen.

Ein Brik-Blatt flach auf eine saubere Arbeitsfläche legen. Ein Viertel der Thunfischmischung in die Mitte des Blattes geben und eine Mulde in der Mitte der Füllung bilden.

Schlagen Sie ein Ei vorsichtig in die Mulde. Versuchen Sie das Eigelb intakt zu lassen.

Falten Sie den Brik-Teig, um das Ei und die Füllung zu umschließen, typischerweise in eine halbmondförmige oder dreieckige Form.

Erhitzen Sie das Öl in einer tiefen Pfanne oder Fritteuse. Frittieren Sie die Brik bei mittlerer Hitze bis sie goldbraun und knusprig sind, dabei einmal wenden.

Legen Sie die fertigen Brik auf Küchenpapier um überschüssiges Öl abzutropfen.

Warm servieren und genießen.

AFRIKA

TUNESIEN

BOUKHA-COCKTAIL MIT GRANATAPFEL

Boukha ist ein traditioneller tunesischer Feigenbrand dessen Name aus dem jüdischen Tunesisch-Arabisch stammt und «Alkoholdampf» bedeutet. Ursprünglich von der jüdischen Gemeinde in Tunesien hergestellt, hat sich Boukha zu einem national beliebten Getränk entwickelt. Der Boukha-Cocktail mit Granatapfel ist eine moderne Kreation für gesellige Anlässe und Feiern aller Art.

PERSONEN: 1
MINUTEN: 15

ZUTATEN

- 60ml Boukha (z. B. Boukha Gold 37.5%)
- 90ml frischer Granatapfelsaft
- 10ml frischer Zitronensaft
- Eine Prise gemahlener Kardamom
- Ein paar Minzblätter
- Eiswürfel
- Eine dünne Scheibe Zitrone oder ein paar Granatapfelkerne zur Dekoration

ZUBEREITUNG

Füllen Sie einen Cocktail-Shaker zur Hälfte mit Eiswürfeln.

Geben Sie den Boukha, Granatapfelsaft, Zitronensaft und gemahlenen Kardamom in den Shaker.

Fügen Sie einige Minzblätter hinzu.

Schütteln Sie den Cocktail-Shaker kräftig bis die Außenseite des Shakers beschlägt.

Seihen Sie den Cocktail in ein gekühltes Glas über Eiswürfel.

Garnieren Sie den Drink mit einer dünnen Zitronenscheibe oder ein paar Granatapfelkernen und einem Minzblatt.

LOKALES BIER ALS ALTERNATIVE:
Celtia

AFRIKA

AUSTRALIEN
MINI MEAT PIES

Mini Meat Pies sind eine kleinere Version der klassischen australischen Meat Pie, ein beliebter Snack, der oft bei Sportveranstaltungen und Partys aufgetischt wird. Ursprünglich stammt die Idee für die Meat Pies aus Europa, aber Australier haben sie zu einem eigenen kulinarischen Symbol gemacht welches oft mit Tomatensauce bzw. Ketchup serviert wird.

PERSONEN 4
MINUTEN 50

ZUTATEN

- 2 Blätter Blätterteig, aufgetaut
- 500g Rinderhackfleisch
- 1 mittelgroße Zwiebel, fein gewürfelt
- 1 Knoblauchzehe, fein gehackt
- 2 Esslöffel Tomatenketchup
- 1 Esslöffel Worcestershire-Sauce
- 1 Teelöffel Gemüsebrühepulver
- 1/2 Teelöffel schwarzer Pfeffer
- 1/4 Tasse Wasser
- 1 Esslöffel Maisstärke, mit 2 Esslöffeln Wasser gemischt
- 1 Ei, leicht geschlagen
- Öl zum Anbraten

ZUBEREITUNG

Heizen Sie Ihren Ofen auf 200°C vor und fetten Sie eine Muffinform für 12 Muffins ein.

Erhitzen Sie etwas Öl in einer Pfanne und braten Sie die Zwiebel und den Knoblauch an, bis sie weich sind. Fügen Sie das Rinderhackfleisch hinzu und braten Sie es bis es braun ist.

Fügen Sie Ketchup, Worcestershire-Sauce, Gemüsebrühepulver, Pfeffer und Wasser hinzu. Lassen Sie es 10 Minuten köcheln.

Rühren Sie die Maisstärkemischung ein um die Füllung einzudicken. Nehmen Sie die Pfanne vom Herd und lassen Sie die Füllung abkühlen.

Schneiden Sie aus dem Blätterteig Kreise aus die groß genug sind um die Muffinformen auszukleiden, sowie kleinere Kreise für die Deckel.

Legen Sie die größeren Teigkreise in die Muffinformen, füllen Sie diese mit der Hackfleischmischung und bedecken Sie die Füllungen mit den kleineren Teigkreisen. Drücken Sie die Ränder fest zusammen und bestreichen Sie die Oberseite mit dem geschlagenen Ei.

Backen Sie die Pies 20 Minuten lang oder bis sie goldbraun sind. Zusammen mit Ketchup servieren und genießen.

OZEANIEN

AUSTRALIEN
LEMON, LIME & BITTERS

Lemon, Lime & Bitters ist ein äußerst beliebtes Getränk in Australien, besonders in Pubs und Clubs. Ursprünglich als Erfrischungsgetränk für Golfspieler gedacht, hat es sich zu einem allgegenwärtigen Bestandteil der australischen Trinkkultur entwickelt. Angostura Bitters, ursprünglich als medizinisches Tonic entwickelt, verleiht dem Getränk seine charakteristische Tiefe und Komplexität. Dieser Cocktail verkörpert die australische Liebe zu erfrischenden, nicht zu süßen Getränken, perfekt für jede Gelegenheit, einschließlich Fußball-Feiern.

PERSONEN: 1
MINUTEN: 10

ZUTATEN

- 15ml frischer Limettensaft
- 15ml frischer Zitronensaft
- 15ml Zuckersirup (oder alternativ Wasser und Zucker zu gleichen Anteilen mischen)
- 2-3 Spritzer Angostura Bitters (z. B. Angostura Aromatic Bitters)
- Sprudelwasser zum Auffüllen
- Eiswürfel
- Eine Scheibe Limette oder Zitrone zur Dekoration

ZUBEREITUNG

Füllen Sie ein hohes Glas mit Eiswürfeln.

Geben Sie den Limettensaft, Zitronensaft und Zuckersirup in das Glas.

Fügen Sie 2-3 Spritzer Angostura Bitters hinzu.

Füllen Sie das Glas mit Sprudelwasser auf und rühren Sie den Drink um.

Garnieren Sie das Glas mit einer Scheibe Limette oder Zitrone.

LOKALES BIER ALS ALTERNATIVE:
Foster's

OZEANIEN

NEUSEELAND
KIWI ONION DIP

Der Kiwi Onion Dip (die Neuseeländer werden oft «Kiwi» genannt) ist ein Klassiker in Neuseeland der oft bei BBQs, Feiern und Sportveranstaltungen serviert wird. Seine Entstehung geht auf die 1960er Jahre zurück, als ein einfaches Rezept auf der Rückseite einer Zwiebelsuppenmischung erschien und schnell zu einem nationalen Lieblingsgericht avancierte. Dieser Dip steht symbolisch für die neuseeländische Kreativität in der Küche einfache Zutaten in köstliche Snacks zu verwandeln.

PERSONEN: 4
MINUTEN: 70

ZUTATEN

- 250ml reduzierte Sahne
- 1 Päckchen Zwiebelsuppenmischung (z. B. Knorr Zwiebel Suppe)
- 1 Esslöffel Zitronensaft
- 1/2 Tasse saure Sahne oder Naturjoghurt
- Frisch gehackte Petersilie zum Garnieren (optional)
- Chips oder frisches Gemüse

ZUBEREITUNG

Schlagen Sie die reduzierte Sahne in einer mittelgroßen Schüssel bis sie dick und cremig ist.

Fügen Sie die Zwiebelsuppenmischung und den Zitronensaft hinzu und mischen Sie alles gründlich.

Rühren Sie die saure Sahne oder den Naturjoghurt unter bis alles gut vermischt ist.

Bedecken Sie die Schüssel und stellen Sie den Dip für mindestens eine Stunde in den Kühlschrank damit die Aromen sich entfalten können.

Servieren Sie den Dip gekühlt, garniert mit frischer Petersilie, zusammen mit Chips oder frischem Gemüse.

OZEANIEN

NEUSEELAND
GRANDMOTHER'S REVENGE

«Grandmother´s Revenge» ist ein Insider unter den neuseeländisches Drinks. Die Idee eines Cocktails mit neuseeländischem Whisky, Altbier und Zitronensirup passt gut zur innovativen und experimentierfreudigen Art der neuseeländischen Trinkkultur. Neuseeland, bekannt für seine hochwertigen Weine und zunehmend auch für seine Craft-Biere und -Spirituosen, bietet eine ausgezeichnete Grundlage für kreative und köstliche Cocktailkreationen. Dieser Cocktail steht symbolisch für die stürmische, aber herzliche Natur einer Großmutter, die mit einer Mischung aus Stärke (Whisky), Charakter (Altbier) und einer Süße (Zitronensirup) ihre Liebe ausdrückt.

PERSONEN: 1
MINUTEN: 15

ZUTATEN

- 60ml neuseeländischer Whisky (z. B. The New Zealand Dunedin Double Wood 18 Jahre)
- 120ml Altbier (z. B. Superfreunde Till Death Old School Ale)
- 30ml Zitronensirup
- Eiswürfel
- Eine Zitronenscheibe zur Dekoration

ZUBEREITUNG

Füllen Sie ein Glas zur Hälfte mit Eiswürfeln.

Gießen Sie den neuseeländischen Whisky und den Zitronensirup über das Eis.

Rühren Sie die Mischung vorsichtig um, um die Zutaten zu kombinieren.

Füllen Sie das Glas mit dem Altbier auf.

Garnieren Sie den Drink mit einer Scheibe Zitrone am Rand des Glases.

LOKALES BIER ALS ALTERNATIVE:
Steinlager

OZEANIEN

Printed by Amazon Italia Logistica S.r.l.
Torrazza Piemonte (TO), Italy